AF389554

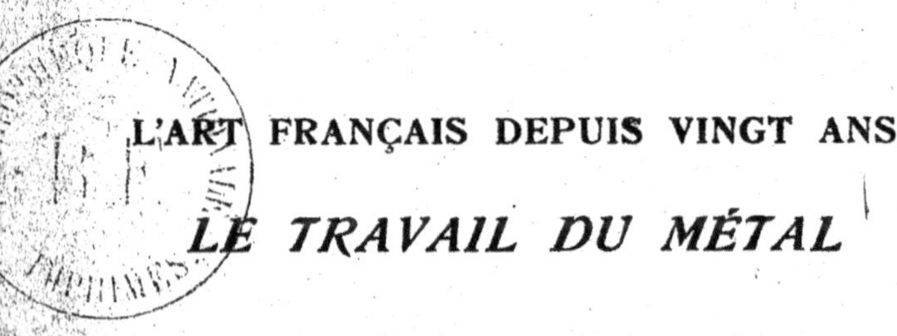

L'ART FRANÇAIS DEPUIS VINGT ANS

LE TRAVAIL DU MÉTAL

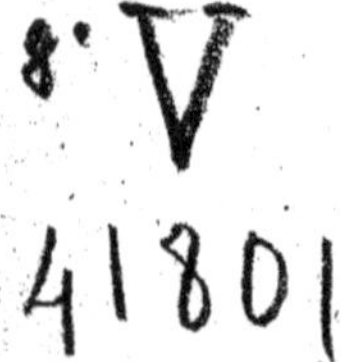

8° V

41801

DANS LA MÊME COLLECTION

PUBLIÉE SOUS LA DIRECTION DE

M. LÉON DESHAIRS

LE TRAVAIL DU MÉTAL

PAR

HENRI CLOUZOT

Conservateur du Musée Galliera

24 PLANCHES HORS TEXTE

F. RIEDER ET Cⁱᵉ, ÉDITEURS
7, PLACE SAINT-SULPICE, 7
PARIS VIᵉ
MCMXXI

IL A ÉTÉ TIRÉ DE CE VOLUME
UNE ÉDITION ORIGINALE QUI COMPREND :

SIX EXEMPLAIRES SUR VERGÉ D'ARCHES
A LA FORME, NUMÉROTÉS DE A A F
NON MIS DANS LE COMMERCE

QUINZE EXEMPLAIRES SUR VERGÉ
D'ARCHES A LA FORME, NUMÉROTÉS
DE 1 A 15

TROIS CENTS EXEMPLAIRES SUR VÉLIN
PUR FIL DES PAPETERIES LAFUMA DE
VOIRON, NUMÉROTÉS DE 16 A 315

I

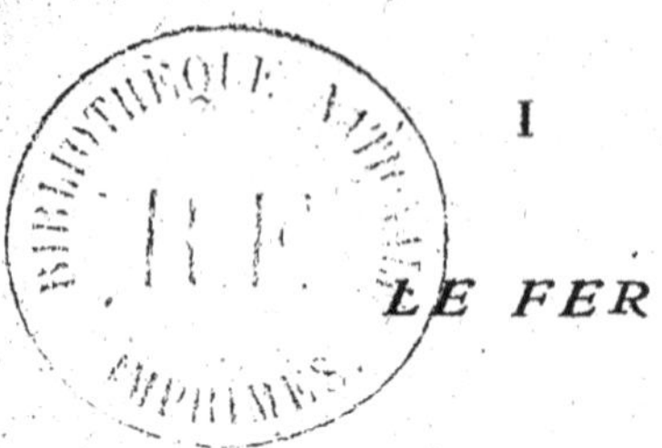

LE FER

DE tous les métaux usuels, le fer est certainement celui qui joue le premier rôle dans la
civilisation moderne. Nous sommes plus que
jamais dans l'âge du fer, dirions-nous pour conserver
l'antique classification de la préhistoire. Mais ce
métal commun et utilitaire est-il susceptible de tenir
une place d'honneur dans l'art appliqué? Il n'en faut
pas douter : « Rendu malléable par son passage au
feu, disait il y a quinze ans l'architecte Ch. Genuys,
le fer se prêtera à toutes les fantaisies du forgeron
habile et maître de sa matière. Une fois refroidi, il
reprendra toute sa rigidité un instant abandonnée,
mais gardera, avec la forme nouvelle qu'il aura
acquise, la trace de la lutte avec celui qui l'a soumis,
des coups qui l'ont frappé, et ce ne sera pas un de
ses moindres éléments de beauté. »

Le fer forgé cependant n'est pas aussi en usage
dans la décoration de la maison moderne que

H. CLOUZOT. — *Le Travail du Métal.* 1

pourraient le faire supposer la hardiesse et la nouveauté des grandes constructions métalliques de la fin du XIXe siècle. Certes nous avons vu, depuis vingt ou vingt-cinq ans, dans les expositions universelles, dans les salons annuels, dans les galeries d'art, des ouvrages de forge savoureusement libérés des styles, sans que leur originalité nuisît à leur parfaite adaptation à l'usage. Des virtuoses du marteau nous ont familiarisés avec des tours de force que l'on eût pu croire impossibles depuis la disparition des corporations. Mais malgré tant de témoignages d'excellent modernisme dans la forme et de parfaite technique dans l'exécution, le fer forgé original est loin d'être aussi répandu qu'il devrait l'être. Il semble même qu'après une ère de prospérité qui autorisait tous les espoirs, son emploi devienne un luxe devant lequel reculent de plus en plus les architectes.

A la belle époque du fer, du milieu du XVIIe siècle environ à la Révolution (la mode ferronnière est en retard chez nous de deux siècles sur l'Italie, l'Espagne et l'Allemagne), les travaux de forge n'étaient pas réservés aux grands édifices civils ou religieux, cathédrales, palais et parcs royaux, hôtels de ville, demeures seigneuriales et le reste. L'imposte d'une porte, un balcon, l'appui d'une fenêtre, dans la plus modeste maison bourgeoise, pouvaient être un ouvrage accompli, capable de soulever notre admiration quand nous le retrouvons en place dans quelque petite ville de province ou dans une rue du vieux Paris.

Au milieu du xixᵉ siècle, quand Viollet-le-Duc, pour
la restauration des Monuments historiques, releva
le travail au marteau dans les ateliers de Boulanger,
à la Chapelle Saint-Denis, la fonte avait depuis longtemps imposé aux constructeurs sa production industrielle et à bon marché. Elle remplaçait le fer dans
ses rôles utilitaire et décoratif, et elle était si bien
entrée dans les mœurs qu'on lui trouvait du mérite
artistique. Vers 1875, quand les architectes firent
appel aux ferronniers pour les nouveaux hôtels des
Champs-Elysées et du parc Monceau, il s'agissait
d'un travail de luxe, de pièces exceptionnelles destinées à des amateurs qui ne regardaient pas à la
dépense, pourvu qu'on leur livrât des ouvrages irré-
prochables. La vogue de la fonte n'en fut pas
ébranlée.

Elle ne l'est guère davantage en 1920. Son luxe à
bon marché, ses ornements lourds, massifs, pompeux,
pastichés du passé, continuent à envahir non seulement le domaine du fer, mais empiètent sur celui du
bois, du cuivre et du bronze. La certitude de trouver
dans le commerce des pièces toutes faites et interchangeables, depuis les rampes d'escalier et les
appuis de balcons jusqu'aux bancs de jardin ou aux
lampadaires, conseille l'emploi de la fonte à l'architecte. Elle l'impose dans les constructions à bon
marché et dans les ustensiles ménagers. Une fois de
plus, le progrès industriel s'exerce aux dépens de la
beauté du matériau et de la perfection de la main-

d'œuvre. Après vingt ans d'efforts, le fer n'a regagné qu'une mince parcelle du terrain perdu.

N'en concluons pas que ces années de lutte ont été perdues. Bien au contraire. Il n'est peut-être aucune branche de l'art appliqué qui ait réalisé des exemples aussi heureux de modernisme et aussi capables de s'imposer à la clientèle riche, si tant d'amateurs d'art décoratif n'achetaient des objets non pour s'en servir, mais, le plus souvent, pour les mettre en vitrine. Par malheur aussi le renouveau du fer est resté l'apanage d'un petit nombre de ferronniers-créateurs. Les grands industriels, à quelques rares exceptions près, ont refusé de courir le risque de modèles originaux et imprévus, trouvant plus commode de recopier les chefs-d'œuvre de Marot, de Bérain, de Tijou, de Lamour, de Fordrin et de leurs émules. Tous les torts d'ailleurs ne sont pas de leur côté. L'amateur, assez riche pour commander une rampe d'escalier en fer forgé, neuf fois sur dix la veut Louis XV ou Louis XVI. La clientèle a les modèles qu'elle mérite.

Cette admiration pour le passé, qui serait parfaitement légitime si elle n'était aveugle et ne s'exerçait aux dépens du présent, se conçoit d'autant moins que la main-d'œuvre ferronnière est au moins égale à celle d'autrefois. Le renouveau des ouvrages de forge a été largement servi par les progrès de la science. Le fer de maintenant est d'une qualité supérieure à celui dont disposait Jean Lamour pour ses

ÉMILE ROBERT.

Petite grille,
fer forgé. 1911.

PL. I.

grilles de Nancy. Il permet d'atteindre des finesses d'expression auxquelles les maîtres d'autrefois ne pouvaient prétendre. Les procédés chimiques facilitent la soudure autogène, et, par des patines variées, permettent d'accentuer à volonté les effets de lumière et d'ombre. On sait mieux assembler les autres métaux au fer pour obtenir de riches gammes de coloris. On surmonte avec moins de risque et de peine des difficultés plus grandes et l'on arrive à rendre un effet décoratif plus intense avec un travail relativement simple. Aussi, dans l'intérieur moderne, le fer forgé est-il de tous les métaux celui qui se prête le mieux à la légèreté du décor tout en offrant le maximum de solidité. Il peut former une ossature très résistante, avec des ajourages, des évidements, des pleins, des vides qui n'ont pour ainsi dire de limite que la fantaisie du décorateur. Que d'emplois multiples, aussi bien dans la grande ferronnerie — portes monumentales, départs et rampes d'escalier, cages d'ascenseur — que dans la petite ferronnerie, la serrurerie d'appartement, — espagnolettes, crémones, palâtres et entrées de serrure, plaques de propreté, verroux, poignées de tiroirs, — sans parler de ces beaux heurtoirs forgés et ciselés dans la masse que l'on peut dire de la véritable sculpture de fer ! Le chauffage central, il est vrai, fait progressivement disparaître des intérieurs riches les garnitures de foyer où excellèrent les maîtres de jadis — landiers à tête grimaçante, pelles, pincettes, supports, grilles protectrices des étincelles, — mais le fer forgé garde son contact avec le feu, ou tout au moins avec la lumière, dans les appareils d'éclairage.

Son seul inconvénient, c'est sa nature oxydable qui fait que, dans l'appartement, on lui préfère, non sans raison, le bronze et le cuivre, et qu'à l'extérieur des édifices, on est obligé de le couvrir d'une patine ou d'une couche protectrice de peinture, sous laquelle disparaissent ces traces de martelage qui conservent quelque chose de la personnalité de l'artisan et qui sont le grand charme du travail de forge. La plus belle clôture ferronnière, ainsi déguisée, ne diffère guère de son *ersatz* en fonte. Elle en différerait même encore moins si les fondeurs savaient donner à leurs ouvrages le moindre cachet d'originalité et de modernisme.

Même réduit à des catégories peu nombreuses, l'art de la forge moderne a cependant suivi depuis une vingtaine d'années trois orientations successives : le modern style, le style naturiste, enfin le modernisme assagi et logique que nous voyons s'implanter de plus en plus victorieusement dans toutes les branches de l'art appliqué. Sans doute est-il trop tôt pour établir de telles distinctions dans une production aussi rapprochée de nous. Mais l'art moderne va vite. Ses deux premiers âges sont révolus. Ils appartiennent à l'histoire. Retraçons-en les grandes lignes, ne serait-ce que pour n'avoir plus à nous y arrêter quand nous passerons en revue les autres métaux.

Le modern style fut une erreur généreuse. Il serait puéril de le nier. Mais il a eu une durée trop éphémère pour qu'on puisse conjecturer ce qu'il serait devenu lorsque le temps, calmant les exagérations des novateurs, les aurait fait entrer dans la voie de la raison et de la logique. Il nous a, en tout cas, ouvert les yeux sur le ridicule attristant des imitations et des copies où nous vivions. Le trait « en éclair » et « en coup de fouet » qui caractérise le décor « fin de siècle » — au fait à qui en sommes-nous redevables, à Van de Valde, à Guimard, à Lambert, à Bellery-Desfontaines? — avait tout au moins le mérite de présenter des lignes purement ornementales, des formes vides, sans aucune intention de reproduction servile de la nature. Les novateurs eurent le tort de déformer les objets pour les plier à ce décor imaginé *a priori*. Il est difficile en cela de les excuser. Mais lorsque, avec Eugène Gaillard, ils ont employé leur talent à donner à l'objet les lignes constructives les plus logiques et les mieux appropriées à l'usage, qu'ils n'ont eu recours au décor qu'en tout dernier lieu, pour affirmer les divisions, accuser les ouvertures, couronner l'œuvre d'une mouluration heureuse, le résultat fut loin d'être fâcheux. Il fallait vraiment être aussi enlisé que l'était Edmond de Goncourt dans les grâces maniérées du XVIIIe siècle pour écrire dans son *Journal*, à la date du 30 décembre 1895, après une visite à la Maison d'art nouveau de S. Bing: « Le délire... le délire de la laideur. »

Le temps, je le répète, a manqué pour donner à ces incohérences le temps de s'équilibrer et à notre goût, surtout, celui de s'accoutumer à des formes qui rompaient sans ménagement avec le déjà vu. Qui songe aujourd'hui à s'indigner des grilles d'entrée du métropolitain, à s'étonner de la rampe d'escalier du Grand Palais (1)? Elles datent pourtant de cette époque. D'ailleurs le modern style, ne l'oublions pas, ne disparut pas uniquement sous les sarcasmes et les injures des partisans du passé. L'élément destructeur sortit de ses rangs. C'est l'apostolat d'Émile Gallé qui lui porta les plus rudes atteintes.

Nul n'admire plus que moi les réussites du fondateur de l'École de Nancy dans les arts du feu. Il a rénové la verrerie, et jusqu'à un certain point la céramique. Mais je crois que, sans faire tort à son mérite, on peut se demander si son action sur l'art appliqué en général a été aussi heureuse et si la voie de l'ornementation d'après la nature, où il n'a que trop aisément entraîné les décorateurs, a servi ou non la cause de l'art moderne. Ce n'est pas tout-à-fait sortir de mon sujet que de rappeler à quelles absurdités l'École de Nancy aboutit dans le mobilier, avec ses sièges d'après la fleur de pomme de terre ou le dahlia, ses tables libellule ou nénuphar, ses lits d'après le pavot (sans doute pour provoquer les songes), ses entrées de serrure iris ou chauve-souris,

(1) Ces deux exemples sont d'ailleurs en fonte.

ses lampes de travail solanée, ses clefs pensée, ses glands de tiroirs perce-neige (1). Ce pédantisme botanique, qui faisait dire à Gallé : « ma racine est au fond des bois », nous ramène aux rustiques figulines de Palissy dont on admirerait peut-être moins les coquilles, les grenouilles, les poissons, si le potier de Saintes n'avait pris soin de nous vanter ses découvertes dans des écrits qui valent mieux que ses plats. Gallé, aussi, d'ailleurs, avait à son service un bon brin de plume et savait s'en servir à l'occasion.

On pouvait croire, dans la fièvre d'enthousiasme des débuts, que le fer se prêterait mieux que toute autre matière à l'ornement d'après la nature. Le thème des ferronniers de tous les âges n'est-il pas un treillage sur lequel viennent s'enrouler ou s'attacher des brindilles ? N'est-ce pas le miracle perpétuel du marteau que l'imitation de ces feuillages découpés, repercés, repoussés, burinés, qui semblent aussi vivants que s'ils venaient de tomber sous la serpe du jardinier ? Certes, j'en citerai tout à l'heure de parfaits exemples. Mais ce qui s'oppose à l'adaptation trop étroite du fer au style naturiste, ce n'est pas seulement l'obsession qui se dégage d'un motif trop exactement reproduit, surtout lorsqu'on l'a sans cesse sous les yeux dans un intérieur d'appartement, c'est aussi l'illogisme de ce hérissement de chardons,

---

(1) Faut-il rappeler la table de Gallé construite « sur un thème de Maurice Bouchor : *la musique de l'eau, des feuilles et du ciel* » ? On ne saurait imaginer plus folle confusion des genres.

de feuilles lancéolées, de lianes enchevêtrées, qui font des ouvrages ainsi composés de véritables chevaux de frise dont l'approche est redoutable aux toilettes féminines, voire même aux simples habits masculins. Pour les objets d'usage hors de portée, les appareils d'éclairage par exemple, ces feuillages aux formes agressives et hérissées présentent un autre inconvénient et non des moindres : ils servent de réceptacle à la poussière, aux mouches et à toutes sortes d'immondices. On dirait que Philibert de l'Orme songeait à ce genre de décor quand son intransigeance classique proscrivait impitoyablement toute l'ornementation délicate du moyen âge des façades de ses édifices : « Point de feuillage ni basse taille qui ne ramassent qu'ordures, vilenies, nids d'oiseaux, de mouches et semblable vermine. Aussi telles choses sont si fragiles et de si peu de durée que quand elles commencent à se ruiner, au lieu de donner plaisir, elles donnent un grandissisme déplaisir et triste spectacle. »

Depuis une dizaine d'années, une sage sobriété tend à remplacer ces prouesses savoureuses du marteau. L'art n'y perd rien. Il est à souhaiter que les ferronniers d'aujourd'hui et de demain continuent à s'inspirer de ces principes. De tous les matériaux, le fer est peut-être celui qui peut le mieux se passer d'ornements adventices. Un ouvrage de forge, parfaitement adapté à son usage, tire sa beauté de l'équilibre de ses lignes, de la robustesse ou de la légèreté de ses formes, de la précision de ses attaches et de ses soudures.

Le relèvement du métier a précédé, je l'ai dit, le renouvellement des modèles. Depuis longtemps on avait repris les belles traditions de la forge dans les ateliers de Boulanger, d'Everaert, de Moreau père, mais presque tous les efforts avaient été dirigés vers l'imitation et le pastiche. Même à l'exposition de 1900, en face de l'impressionnante manifestation de la section allemande, nous n'avions, à quelques exceptions près, à montrer que des balcons Louis XIV, des grilles Louis XV et des pentures gothiques, parfaits d'exécution, cela va de soi, mais insuffisants pour assurer la suprématie de l'industrie française.

Les premiers fers d'Émile Robert avaient cependant fait depuis plus de dix ans leur apparition. A l'exposition même, le maître ferronnier avait organisé un atelier où il ne craignait pas de travailler sous les yeux des visiteurs pour leur montrer comment s'élaborent les beaux ouvrages de forge. Artiste chercheur et novateur, il affirmait ainsi au grand jour la suprématie de l'artisan sur le simple donneur de modèles. A Mehun-sur-Yèvre, chez Larchevèque fils où il avait fait son apprentissage, il a mené de front la forge et le dessin. Il a cherché, avant de réaliser ses rêves d'artiste, à pénétrer l'intimité de la matière. Si ses projets sont conçus de telle sorte que l'ouvrage se présente toujours avec la robustesse et l'ampleur qui fait la belle ferronnerie, c'est qu'il travaille encore plus du marteau et du burin que du crayon ou du pinceau. Au fond de toutes ses innovations, de ses créations les plus capricieuses, il y a un secret de métier retrouvé ou acquis, un de ces tours de main qui faisaient la gloire autrefois des corporations. On cherche dans sa main la canne de compagnon du tour de France.

Il faut se reporter à cette exposition de 1900, où la main-d'œuvre française était si mal représentée, pour imaginer quelle impression produisirent sur les amis de la beauté les pièces exposées par Émile Robert, avec leurs puissantes armatures, leurs lignes nettement accusées, soulignant les divisions et accusant les formes, leur parfaite ordonnance architecturale dissimulée sous une décoration florale variée, capricieuse, assouplie. On oubliait que la matière dont elle était tirée venait du plus dur des métaux, que ces pétales, ces corolles, ces feuillages avaient été assemblés non pas par de graciles mains féminines, mais par le rude travail du marteau. C'était si vrai, si jeune, si nouveau, si loin des archaïques formules, qu'Émile Robert fut sacré maître dès ses premiers pas dans une carrière où il s'est fait une place à part, non seulement par l'étonnante probité de son art, par sa volonté jamais démentie de toujours mettre sur pied un ouvrage accompli, mais encore par son apostolat, par l'ardeur avec laquelle il n'a cessé de former des apprentis et des élèves et de faire bénéficier de jeunes intelligences des méthodes

SZABO.
Petite grille d'intérieur,
fer forgé. 1913.

PL. II.
Photo « Art et Décoration ».

éducatrices auxquelles il a dû sa longue suite de succès.

C'est la grille et la clôture du cimetière des Chartreux à Bordeaux (Lucien Magne, architecte), la grille d'entrée du musée des Arts Décoratifs, décorée de chardons (G. Redon, architecte), celle du consulat de France à Bruxelles, avec des panneaux de verre coulé par Lalique (Chédanne, architecte), les balcons, les vérandas, les rampes de l'hôtel Lutetia, la jolie grille avec médaillon de verre coulé par Lalique, dessinée par Bellery-Desfontaines et acquise par l'État, cent autres morceaux de belle ferronnerie (1).

On peut faire cependant deux parts dans l'œuvre de ce prestigieux modeleur du fer : l'une où il a été le collaborateur, comme dans les grands travaux de serrurerie que je viens de citer, d'architectes novateurs comme Magne, Chédanne, Hœntschel, Pradelle, Bellery-Desfontaines ; l'autre où il a seul conçu les modèles que son marteau a élaborés. Admirables toutes les deux, je crois que la postérité retiendra plutôt la première, celle où la nécessité de rentrer dans un ensemble architectural l'a obligé à sacrifier son amour de l'agrément et du pittoresque à la précision de l'ordonnance générale. Mais quel charme néanmoins dans les ouvrages où, livré à lui-même, il n'a écouté que son caprice ! Roses, lierre, capu-

(1) Robert (E.), *Travaux de ferronnerie*, Paris, s. d., in-fol.

cines, pavots, iris, chardons, plantes d'eau, roseaux, nénuphars, feuilles de marronnier ou de platane, il a su rendre la nervure des feuilles, les courbes et les enroulements des brindilles, l'épanouissement des fleurs, pour les faire revivre autour de ses lampes de parquet, de ses lustres, de ses appliques, de ses supports de vases, de maints objets de décoration intérieure ou [d'usage. Son amour de la virtuosité l'a même conduit à forger d'amusants bibelots : autruche, girafe, singe ou chat, étonnants de vérité et d'esprit, sans que ces plaisanteries aient beaucoup ajouté à sa renommée.

Plus tard venus, Edgar Brandt et G. Szabo appartiennent, comme quelques autres ferronniers dont je citerai tout à l'heure les noms, au modernisme assagi qui se dessine depuis sept ou huit ans dans les expositions et s'écarte de plus en plus du style naturiste.

Edgar Brandt est certainement un des artistes qui ont le plus contribué à la rénovation du travail des métaux. Fer, bronze, cuivre, or, argent, il pratique toutes les techniques avec la même maîtrise. Mais c'est un spécialiste de la forge. Chercheur infatigable et passionné pour son art, il se distingue avant tout par le sens architectural de la composition. Dans toutes ses œuvres, le parti d'ensemble se dégage au premier coup d'œil, avec une simplicité et une harmonie du décor qui écarte toute faute de goût. Même dans les grands travaux, exécutés industriellement

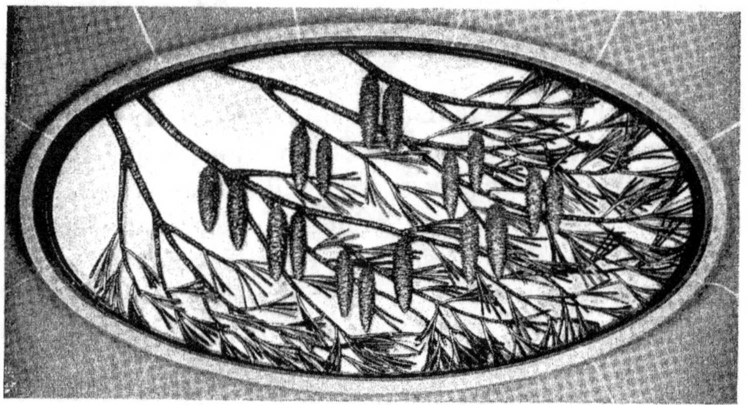

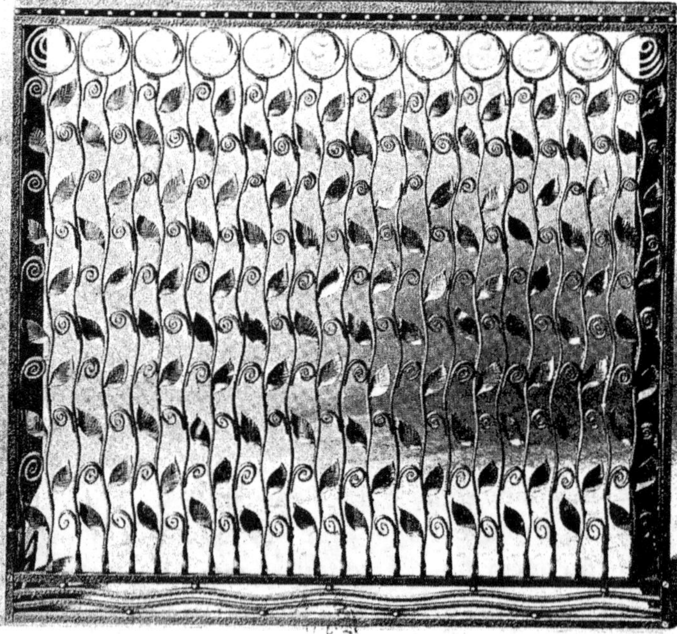

EDGARD BRANDT.
SCHENCK.

Grille d'un œil-de-bœuf. 1919.
Enveloppe de radiateur. 1920.

PL. III.

Photos « Art et Décoration ».

dans ses ateliers du boulevard Murat (1), le fer conserve la patine savoureuse que lui a donnée l'emploi du marteau. Il ne recourt pour ainsi dire jamais au travail amoindrissant de la lime. Le métal sortant de ses mains garde son caractère de grandeur et de beauté.

Dès ses premiers ouvrages, il affirme ces qualités essentielles du bon ferronnier, dans sa grille à motifs de pommes et d'aiguilles de pin destinée à l'hôtel de l'ambassade de France à Bruxelles comme dans son départ de rampe, fait d'une chute de branchages et de pommes de pin — son motif longtemps préféré — forgée pour l'hôtel Barbedienne. Chenets aux lignes souples et harmonieuses, poignées de porte, montures heureusement adaptées aux formes des céramiques modernes, sans en altérer ni les contours, ni le caractère de simplicité, bijoux forgés (délassement charmant), partout il donne les preuves d'un art de la composition scrupuleusement adapté à l'usage et servi par une connaissance parfaite de toutes les techniques du marteau et du ciselet. J'aurai à reparler de ses appareils d'éclairage, comme d'ailleurs de ceux de tous les ferronniers, car il vaut mieux ne pas les séparer des pièces exécutées en bronze ou en cuivre.

(1) Seul de tous les métaux, le fer a réalisé de notre temps l'union de l'art et de l'industrie. Non pas que les industriels aient fait appel aux décorateurs — ce serait trop beau —, mais les artisans, comme Robert, Brandt, Szabo et les autres, sont devenus des usiniers.

Le mérite de G. Szabo n'est pas moindre. Comme pour Brandt, la gamme de ses travaux va des grands ouvrages de ferronnerie architecturale aux plus délicats travaux de serrurerie d'art. Son faire robuste et sain se distingue par la décision et la franchise des lignes comme par la sobriété du décor. Dans un ouvrage de Szabo, l'ornement, floral ou non, ne déborde jamais dans l'ensemble. Il est toujours soigneusement localisé, et le maître ferronnier sait si bien choisir la place où il donnera son maximum d'effet qu'on ne peut le concevoir autrement disposé.

Il serait téméraire à vrai dire d'établir un ordre de préséance entre nos virtuoses modernes du marteau. Si nos préférences vont à des artistes comme les frères Nics ou les frères Capon, qui ont su si nettement se dégager de l'emprise de Nancy et concevoir leurs travaux en dehors de toute imitation puérile des formes végétales, d'autres comme Louis Majorelle ont adopté un parti opposé et n'en ont pas moins produit d'excellents ouvrages. Je n'oublie pas les ouvriers de la première heure, les tôles martelées et découpées de Régius, ni les landiers, les lustres, les flambeaux de Brosset, d'une parfaite exécution sous leur décor floral. Dans l'œuvre des derniers venus, j'éprouve une prédilection pour les grandes pièces de Raymond Subes, tantôt robustes et simples, tantôt délicates et raffinées, véritables tours de force d'exécution, pour les appareils d'éclairage de J. Brégeaux, et surtout pour les serrureries d'appartement

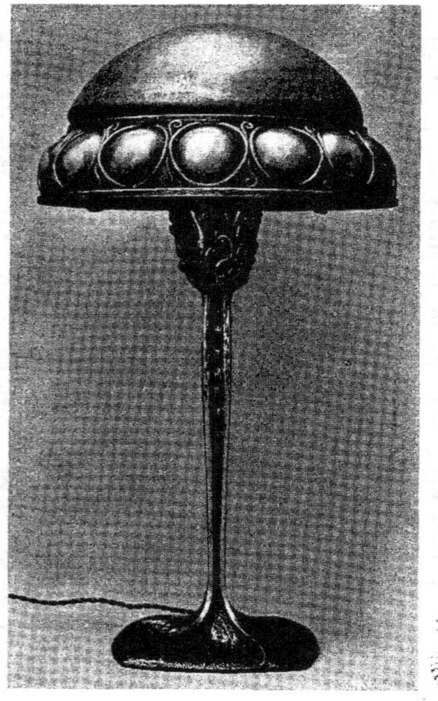

EDGAR BRANDT.

Lampes, fer forgé. 1919.

PL. IV.

de L. Malclès et de L. Gigou. Ce dernier, obéissant à la même inspiration de simplicité et de saine logique que son beau-frère l'ébéniste Mathieu Gallerey, a conçu des poignées de tiroirs, des entrées de serrure, des plaques qui ressortent avec vigueur sur les tons francs des bois naturels. C'est un genre d'ornements qui a depuis longtemps fait ses preuves dans le mobilier paysan, mais les fers de Louis Gigou, qui gardent le ton natif du métal et les traces du martelage, sont autrement savoureux que les plaques repercées et polies à outrance de nos buffets normands ou poitevins.

Le renouveau du fer forgé, dont je viens de citer quelques-uns des meilleurs protagonistes, s'est-il étendu avec le même bonheur dans toute la France? On en peut douter. Tous les ferronniers, qui m'ont servi d'exemple, ont leurs ateliers à Paris ou dans la région parisienne. Ce sont à peu près les seuls qui figurent dans les expositions. Nulle part, autant qu'en art appliqué, la centralisation à outrance ne se fait sentir. Seules, pendant bien des années, les œuvres de Marrou de Rouen, représentèrent la province. C'était un bel artisan, un des rares industriels qui aient tenu en honneur les compositions dégagées d'attaches avec le passé. Mais faute d'avoir su suffisamment dégager l'architecture de ses travaux, il a trop souvent versé dans l'ornementation touffue et la profusion des détails floraux.

Aujourd'hui, faute de les connaître, nous sommes

H. Clouzot. — *Le Travail du Métal.* 2

obligés de passer sous silence des ferronniers peut-être pleins de talent, mais que les éloges des journaux régionaux ne suffisent pas à classer. Il y a cependant des foyers qui paraissent pleins d'activité, comme Toulouse, comme Aix-en-Provence, où une école de ferronnerie est dirigée par C. Rougier, artisan de la rampe du muséon Arlaten, conçue dans le goût provençal. Mais c'est la tâche de demain de faire connaître dans les expositions régionales toutes ces forces dispersées de la main-d'œuvre nationale.

II

LE BRONZE
D'ÉCLAIRAGE

Le procédé de la fonte, particulièrement de la fonte du bronze, est depuis la plus haute antiquité celui qui se prête le mieux à la production des objets d'usage. C'est aussi celui où peuvent s'affirmer le plus librement la fantaisie et la verve de l'artiste, car tout ce que son ébauchoir a conçu en cire ou en argile, la fonte le reproduit fidèlement, aux dépens parfois des lois de la logique et de la stabilité. Rappelons-nous les charmantes incohérences des bronziers de Louis XV et les objurgations non dépourvues de bon sens que leur adresse Cochin au nom des principes académiques : « Les yeux d'un nombre de bonnes gens que nous sommes leur auraient une obligation inexprimable de n'être plus choqués par des disproportions déraisonnables et par cette abondance d'ornements tordus et extravagants » ; ce que le sage *Mercure* de 1754 précise encore mieux : « Nous leur serions obligés s'ils voulaient bien se souvenir qu'un chandelier doit être perpendiculaire et non torturé comme si quelqu'un l'avait forcé. »

Si nous ajoutons à cet avantage celui de pouvoir reproduire les objets à un nombre indéfini d'exemplaires et par conséquent d'en abaisser sensiblement le prix de revient, on est en droit de s'étonner, plus encore que pour le fer, de ne pas voir le bronze tenir une place plus prépondérante dans les préoccupations de nos décorateurs. Il se pourrait que cette faculté même de multiplier les modèles soit à leurs yeux un motif de dépréciation du procédé en l'entachant de banalité. Leur désir de produire des pièces originales, uniques, exceptionnelles, leur fait considérer la fonte comme une technique inférieure, dont il ne faut user qu'à son corps défendant et pour des ouvrages où la forge et le marteau ne peuvent suffire. Le travail du bronze nécessite en outre un outillage et des frais de main-d'œuvre interdits le plus souvent aux artistes qui se contentent de fournir les modèles et laissent l'exécution, à de rares exceptions près, aux industriels spécialistes.

Le clan des amateurs, de son côté, conserve plus d'un préjugé contre le bronze. On l'a si longtemps saturé de fontes commerciales et banales, sans parler des pires imitations en « zinc d'art », qu'il rejette en bloc tout ouvrage de métal où n'apparaît pas la main de l'ouvrier. Un bien petit nombre est assez familiarisé avec la technique du bronze pour savoir apprécier le charme d'une belle fonte à cire perdue

Petite grille d'intérieur,
fer forgé et cuivre. 1920.

Photo « Art et Décoration ».

et reconnaître une maîtrise d'artiste dans les travaux de réparage et de ciselure qui peuvent être poussés à la perfection. La masse des acheteurs est plus sensible aux traces de martelage qui décèlent, au premier coup d'œil, le travail à la main dans le fer forgé ou le cuivre repoussé. Elle ne se rend pas compte qu'une belle fonte, une belle ciselure, une belle dorure sont aussi des ouvrages d'art. Son éducation sur ce point reste à faire.

Malgré tout, le rôle du bronze dans la décoration moderne est loin d'être négligeable. Allié au fer, dans les rampes et les balustrades où il sert de remplissage, il donne à l'ensemble par la seule opposition de couleur des deux métaux, un effet décoratif intense, par exemple dans l'appui de communion de la basilique de Montmartre, dessiné par Lucien Magne, où les panneaux de bronze ciselé, décorés de vigne, s'encadrent si heureusement d'une solide armature de fer forgé et martelé. Mais, dans l'appartement, le bronze et surtout le bronze doré n'a pas retrouvé la vogue dont il jouissait aux siècles passés. Sauf dans les copies ou reconstitutions de mobilier Régence, Louis XV ou Empire, il n'apparaît sur les meubles qu'en touches discrètes. Les préférences des artistes décorateurs pour les beaux bois nus l'écartent à peu près complètement des modèles modernes. Même remarque pour les cheminées, avec cette circonstance aggravante que le chauffage central faisant de plus en plus délaisser cette branche, jadis essentielle, de l'architecture intérieure, on songe de moins en moins à lui prodiguer un décor qui passerait inaperçu.

En revanche le bronze a conservé tout son prestige dans les appareils d'éclairage, bien que le fer, comme nous l'avons vu, ait largement empiété sur son domaine, sans parler du bois, de la verrerie et de la céramique. Le moment est donc venu d'aborder le problème de l'éclairage domestique et de voir quelles solutions les industriels et les artistes lui ont donné depuis vingt ans.

Si un usage nouveau appelle des formes et des matériaux nouveaux, la découverte du gaz d'éclairage, des huiles et essences minérales, enfin de l'électricité, aurait dû amener une révolution complète dans toutes les branches du luminaire. Avec la lumière électrique surtout, les qualités à demander aux appareils changeaient. Il ne s'agissait plus de ces grands lustres de bronze, modelés par Caffiéri ou par Gouthière, dont les branches en console, groupées autour d'un axe et agrémentées de feuillages et d'amours, supportaient la flamme droite des bougies. On ne pouvait pas davantage s'attarder aux suspensions à gaz, moins gracieuses, mais presque aussi volumineuses, avec leur dessin pastiché des modèles flamands du xviie siècle et déformé par l'ampleur de l'abat-jour et des globes en verre. La nouvelle lumière, produite par l'incandescence d'un linéament charbonneux ou d'un fil métallique dans le vide, éclairant de haut en bas, c'est-à-dire en sens contraire de la

flamme à air libre, pouvait être placée près du plafond sans danger. Son pouvoir éclairant était même
si puissant qu'il fallait prévoir des enveloppes trans-
parentes pour la tamiser et éviter de blesser les
yeux.

Quel beau programme que la création, pour la vie
quotidienne, d'appareils portatifs à placer sur un
bureau, sur une table de dame, au coin d'une cheminée, ou, pour les soirs d'apparat, de lustres et
d'appliques distribuant dans les pièces de réception
une lumière puissante, doublant par réflexion sur les
plafonds leur pouvoir éclairant! Quel thème à combinaisons infinies pour l'imagination de l'artiste que
ces ampoules pouvant être placées indifférem-
ment de bas en haut ou de haut en bas, fixées rigi-
dement, laissées mobiles, enfermées dans le calice
d'une fleur, dans la pulpe d'un fruit!

Nous verrons bientôt si la verve des décorateurs
s'est éveillée devant de si belles perspectives. Mais
au début l'initiative des industriels s'est exercée à l'in-
verse de tout ce que l'on pouvait logiquement attendre. Par économie mal entendue et par attachement à
la tradition, qui n'est souvent qu'esprit de routine,
la plupart d'entre eux ont négligé d'étudier ou de faire
étudier des formes appropriées aux nouvelles sources
lumineuses. Ils se sont contentés d'adapter à l'électricité les anciens modèles d'éclairage à flamme
libre :

« Parce que la science, disait l'un d'entre eux,

rapporteur à l'exposition de 1900, nous apporte un moyen nouveau de nous procurer la lumière, est-ce une raison pour les bronziers de chercher des formes d'appareils qui ne s'accorderaient plus avec la décoration courante de nos appartements, qui en rompraient l'harmonie, qui jureraient avec le reste? »

Dès lors, à quoi bon se mettre martel en tête? Les bronziers du second Empire avaient puisé leurs modèles dans les fontes de la Renaissance, du XVIIe et du XVIIIe siècles, en remplaçant les bougies de stéarine par des bougies en porcelaine terminées par un bec papillon. Leurs successeurs de la troisième République pastichèrent les chefs-d'œuvre des mêmes époques, en y annexant le Directoire, le Consulat et l'Empire, et se bornèrent à remplacer le bec papillon par l'ampoule électrique perchée au sommet des fausses bougies. Il y eut même recrudescence de plagiat, car tandis que les Susse, les Denière, les Lerolle, les Lacarrière et leurs émules de 1867 se contentaient de démarquage et d'imitation, les industriels de 1889 allèrent jusqu'à la copie intégrale et même au surmoulage. Quant aux rares modèles originaux de l'époque, ils se rattachent à l'art décoratif Napoléon III par la prédilection, allant jusqu'à l'abus, pour la statuaire en ronde-bosse. L'ornemaniste se fait sculpteur. Liénard, Klagmann, Michel Pascal, Diéterle, Constant Sévin, ont cessé de fournir des modèles. Mais le vieux Piat travaille toujours (il

expose encore en 1900) ainsi que l'intarissable
Carrier-Belleuse. De nouveaux modeleurs ont surgi :
Rozet, Jules Chéret, Joindy, Larche, Cl. Marioton.
On continue à envisager l'appareil d'éclairage artistique comme inévitablement composé d'une figure
en bronze ou d'un groupe en ronde-bosse élevant en
l'air les foyers lumineux. Le plus fâcheux c'est que
ces compositions, qui font souvent bonne figure en
bronze, même revêtues de l'inévitable patine floren-
tine, se multiplient en « zinc d'art » et ce n'est pas
beau.

Depuis peu, un esprit nouveau semble animer nos
grands bronziers. Une évolution, encore peu appa-
rente mais réelle est commencée. On peut fonder de
grands espoirs sur des initiatives comme celles de la
maison Baguès, qui a institué un concours pour établir un modèle de réverbère destiné à l'éclairage
public. Nos bronziers d'à présent commencent à
comprendre que pour faire de l'art, il faut s'adresser
aux artistes.

Les artistes décorateurs, eux aussi, ont commencé
par faire fausse route. Mais leur intention, au moins,
était bonne. Ils ont vu dans l'ampoule électrique une
véritable fleur lumineuse et ils ont cherché à la combiner avec un encadrement naturel de tiges et de
feuilles. Ils nous ont donné l'applique arums et le
lustre fleur de lys ou roseau. Nénuphar, iris, mar-
guerite, églantier ont tour à tour prêté leurs corolles
au verrier pour modeler le cristal enveloppant l'am-

poule lumineuse, tandis que le bronzier réglait l'ordonnance de sa composition sur les feuilles, les
branches, les enroulements végétaux correspondants.
Pendant dix ans, le bronze d'éclairage moderne a été
naturiste, et cette expérience a suffi pour détour-
ner des modèles originaux les mieux intentionnés de
leurs partisans. La puérilité de ce déguisement
botanique a lassé les plus fidèles.

Elle a eu d'autres conséquences fâcheuses. Industriels et décorateurs ont trouvé dans cette imitation
servile de la nature une solution presqu'aussi commode que la copie des éléments de style. Sans rien
changer aux ordonnances architecturales des appareils d'autrefois, qui toutes découlaient de l'éclairage
à flamme verticale, ils se sont contentés de les recou-
vrir d'un travestissement végétal. Sous les branches et
les fruits des nouveaux modèles, ils conservèrent les
rinceaux, les guirlandes, les enroulements en cor de
chasse du xviie ou du xviiie siècle. Quant aux lampes
isolées, que leur disposition en potence, présentant
la lumière de haut en bas, écartait radicalement des
formes d'autrefois, les enroulements de lierre ou de
ronces, les tiges de roses ou les branches de pins,
leur donnèrent des formes agressives et hérissées.
Loin d'appeler la caresse de la main, elles semblèrent
la repousser.

Il serait donc exagéré de prétendre que les bronziers ont résolu de bonne heure le problème de l'éclairage électrique, ni même peut-être qu'ils l'ont entiè-

rement solutionné, tant il est difficile de s'affranchir d'un passé lourd de chefs-d'œuvre. Quand la nécessité se fit sentir de tamiser la lumière trop éclatante des lustres à travers une enveloppe translucide, nos décorateurs eux-mêmes n'ont-ils pas eu recours à un dispositif d'autrefois? Leur lustre circulaire où les lampes, réparties sur une couronne, sont abritées derrière une cloison de verre opaque, ne dérive-t-il pas tout droit des couronnes de lumière du moyen âge, dont le cercle symbolique figurait le circuit de murailles de la Jérusalem céleste? Avouons-le, les seules dispositions vraiment heureuses et modernes qu'ils nous ont présentées, ils les doivent aux verriers. Leur plafonnier en vasque, qu'ils décorent d'une armature de bronze et qui peut à la rigueur s'en passer, est sorti des fours de Daum ou de Decorchemont. Les admirables pâtes de verre aux teintes opalines, que nos verriers savent maintenant mettre en œuvre, sont les plus précieux auxiliaires de l'appareillage électrique.

L'évolution de la lustrerie, pour en arriver à cette simplicité distinguée, embrasse environ une trentaine d'années depuis l'invention de la lampe à incandescence. Au début, les difficultés techniques d'exécution font que seuls les industriels sont capables de mettre sur pied des modèles nouveaux. A l'exposition de 1900, les appareils de style original sont présentés par la maison Gagneau, qui a demandé des maquettes à Rozet, à Marioton, à Lambert, à Couty, par la maison Soleau qui a pris Jules Chéret comme inspirateur, par la maison Beau, dont les torchères et les lustres sont dus à J. Dampt.

La nécessité de compléter leurs ameublements « d'ensemble » amène bientôt les artistes-décorateurs à composer des modèles leur appartenant en propre. Mais si en pareille matière le résultat seul ne comptait pas, il y aurait lieu de séparer les créateurs de modèles non exécutants, tels que Maurice Dufrène, Paul Follot, Th. Lambert, Eug. Lelièvre, Tony Selmersheim, des artisans ouvrant eux-mêmes leurs compositions, comme Lalique, Brindeau de Jarny, Edgar Brandt, Émile Robert, Szabo, les frères Capon, Schenck, Scheideker, Raymond Subes, Brégeaux, les frères Nics.

Maurice Dufrène est décorateur par tempérament et par goût. Ses modèles de lustrerie se distinguent par la simplicité des lignes, la sobriété du parti architectural ou ornemental, la solidité et la logique. On ne rencontre pas, dans ses appareils de bronze, — et peut-être en faut-il remercier la robustesse de la matière, — les formes graciles et non dépourvues de recherche qui sont un des charmes de ses meubles. Il n'obéit qu'à la logique et l'œuvre s'en trouve à merveille. Éloigné à la fois de la pauvreté et de la surcharge dans le décor, il représente depuis vingt ans dans l'art appliqué ce que je me permettrais d'appeler — en prenant l'expression dans sa meilleure part — le juste milieu. C'est là sans doute ce

RICHARD DESVALLIÈRES.

Coq couronnant un
monument aux morts,
fer forgé. 1920.

PL. VI.

Photo « Art et Décoration ».

qui a fait adopter ses lustres, ses lampadaires, ses lampes portatives par le grand public. Il a gagné à la cause de l'art original et moderne d'innombrables partisans que les audaces, pas toujours heureuses, de ses rivaux auraient impitoyablement écartés :

« Les bases de ses hautes lampes, dit M. Roger de Félice, à propos de l'exposition d'appareils d'éclairage au musée Galliera en 1920, à larges surfaces unies, décorées juste assez et là où il faut, leurs tiges au jet pur, à peine ornées, leurs abat-jour très simples en étoffes ou en vitraux : tout a cet extrême raffinement qui est la marque de M. Dufrène. »

Avec un soupçon d'originalité en plus, et une préférence visible pour le décor somptueux, les modèles de Paul Follot ont grandement contribué aussi à l'essor moderne du bronze d'éclairage. Leur art répond victorieusement au reproche de pauvreté d'ornement et de matière que l'on fait si volontiers aux créations originales de notre temps.

Très étudiés et de lignes heureuses, les plafonniers et les lustres de Th. Lambert témoignent d'une recherche incessante et d'une adaptation ingénieuse aux évolutions du goût et de la mode. A voir le plafonnier aérien et charmant, uniquement suspendu par les fils conducteurs du courant, qu'il exposait en 1920 au musée Galliera, on a besoin d'effort de mémoire pour se rappeler que ce créateur infatigable est un des combattants des âges héroïques, en même temps que Louis Majorelle, Tony Selmersheim et

G. Serrurier, dont les appareils de lustrerie, encore empreints du style coup de fouet mais d'une belle tenue architecturale, sont maintenant trop oubliés.

En tête des décorateurs exécutants se présente naturellement René Lalique, cet artiste complet qui s'est exercé dans toutes les branches du travail des métaux. Mais les très rares lustres sortis de ses mains s'imposent surtout à la curiosité des dilettantes. Ses lanternes, par exemple, dont l'ossature est faite de caméléons, présentent des lignes inquiétantes et d'aspect peu engageant que ne suffit pas à atténuer la préciosité des cristaux et des émaux. Mais quelle belle pièce de musée que son lustre aux libellules !

« L'insecte, disait Gustave Geffroy, quand l'œuvre parut au salon des Artistes Français en 1905, grossi, devenu un monstre hardi, tout en gardant sa finesse de taille, son corps mince, fragmenté, pareil à une tige de bambou, dresse une énorme tête, et étend de longues ailes craquelées qui deviendront des écrans contre la lumière trop vive. »

Le génie créateur peut se permettre tous les caprices. Mais il faut savoir gré aux ferronniers comme Brandt et Szabo d'avoir réalisé des appareils d'usage plus pratiques. L'un et l'autre ont réduit l'interprétation de la nature animale ou végétale à des formes apparentées de si loin à la réalité qu'elles confinent à l'ornement pur. Seul le serpent, chez ces deux ferronniers (excellents bronziers à l'occasion) est traité au naturel. Mais la souplesse des enroulements reptiliens

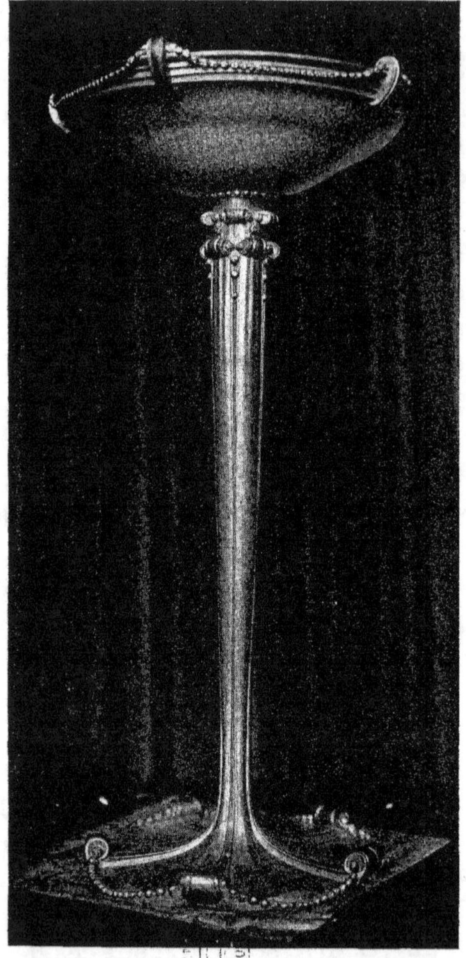

MAURICE DUFRÈNE. Coupe d'éclairage,
bronze ciselé et doré. 1913.

PL. VII.

se rapproche si bien de la torsade ornementale et forme un si beau motif pour la tige d'un lampadaire !

Emile Robert, lui aussi, a apporté à la lustrerie de fer ou de bronze ses belles qualités de décision et d'entente de la composition, et, nouveaux venus, les frères Nics, J. Brégeaux, Raymond Subes ont composé des modèles originaux, robustes, simples, sans ornement superflu et de formes accomplies. Quant à Édouard Schenck il a créé récemment de légers appareils d'une conception très neuve, très logique, et, comme le dit M. Roger de Félice, « très électricité ». Du plafond partent en divergeant quatre, six ou huit fils, des fils souples ordinaires, maintenus à mi-hauteur par une rosace horizontale. Puis ils pendent verticalement, terminés chacun par sa lampe, munie d'un petit abat-jour ou d'une tulipe de cristal. La rosace est faite de gros fils de cuivre, argenté, doré ou patiné, tordu et soudé suivant des dessins fort simples, et agrémentée de petites sphères de métal.

Cette simplicité d'exécution et cette économie de matériaux n'est pas superflue dans les temps difficiles que traverse l'industrie du bronze. Elle est susceptible de retarder la défaveur du cuivre qui semble s'annoncer au profit du bois sculpté, peint ou doré, ou des pâtes de verre opalines simplement soutenues par un cordon de soie. A l'exposition du musée Galliera (1920), qui fut une si belle synthèse de cette branche de notre art décoratif, Maurice Dufrène a présenté une variété charmante de vasques de verre soutenues par un réseau en cordelière de soie, d'or ou d'argent, avec des nœuds, des anneaux de galalithe, de grosses olives de couleur, des glands de soie. Il y a là un danger sérieux pour le bronze d'éclairage.

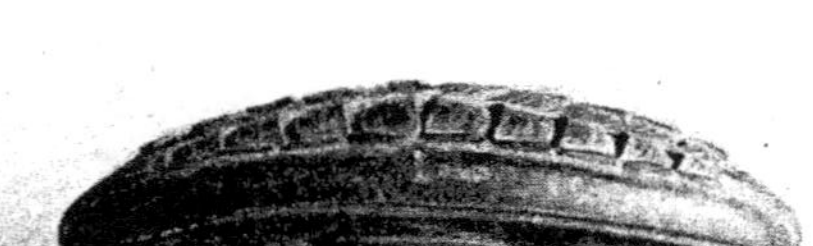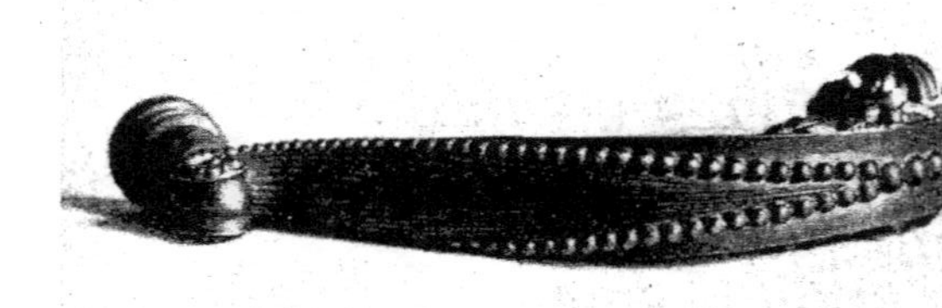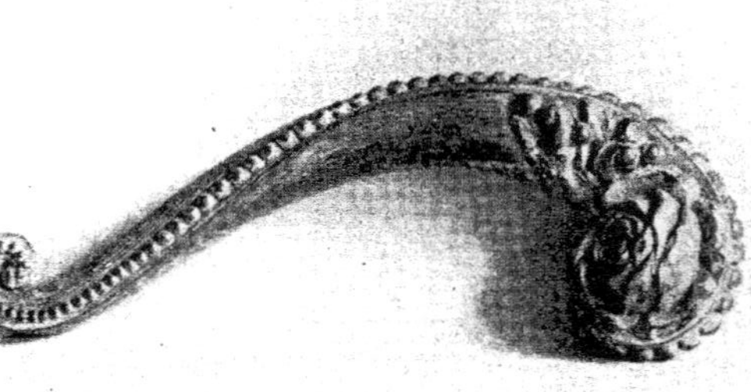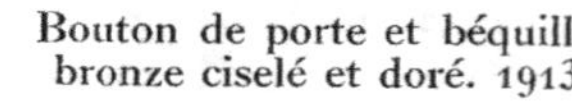

MAURICE DUFRÈNE.

PL. VIII.

Bouton de porte et béquille,
bronze ciselé et doré. 1913.

III

LE BRONZE
D'APPARTEMENT

ON retrouve presque tous les créateurs de modèles d'éclairage quand on aborde les appli-
cations du bronze au mobilier et à la serrurerie d'appartement. Pas tous cependant. Beaucoup
répugnent à l'utilisation du bronze au décor des
meubles, et j'en ai dit les raisons. Lorsqu'au
xviie siècle on introduisit ce genre d'ornement, l'invention coïncidait avec celle des marqueteries de
cuivre et d'écaille. L'armature métallique servait à
protéger les pieds, à encadrer les panneaux, à déterminer l'emplacement des serrures et des poignées, à
contourner les tiroirs. Ce réseau d'or moulu, sans
qu'on s'en doutât, assurait la solidité des marqueteries
de Boulle et de ses élèves, comme les pentures en
fer forgé maintenaient en place les ais des portes du
moyen âge. En employant à l'état massif les bois précieux (acajou, palissandre, corail, bois de rose, padok,
bois de citron, amaranthe et les autres), nos décora-

teurs ont jugé superflu et même nuisible ce revêtement de bronze qui faisait opposition à la beauté de leurs bois nus. D'ailleurs, à défaut de ce motif assez valable en somme, il aurait suffi, pour leur faire rejeter le bronze, du discrédit où les margoteurs du Faubourg l'avaient plongé depuis le second Empire avec leurs surmoulages et leurs fontes de cuivre, à peine réparées, où la « gratte-boesse » remplaçait l'outil du ciseleur et le vernis de couleur la dorure au mercure.

Le bronze n'en répond pas moins à un besoin réel pour le tirage et la fermeture des portes, pour l'assemblage des vantaux mobiles, pour la protection des pieds. Nous assistons depuis quelques années à un renouveau, qui se ferait plus largement sentir si les difficultés de main-d'œuvre et l'élévation du prix des matériaux ne rendaient l'emploi du bronze un luxe de millionnaire. Le talent délicat de Follot, l'art distingué de Dufrène se sont employés à composer, pour les meubles de leur façon, des modèles heureux d'appliques en bronze ciselées et dorées. Léon Jallot a dessiné une variété charmante d'entrées de serrures, d'appliques, de poignées, ciselées et dorées au mat, tantôt inspirées très librement de la flore ou de la faune marine — algues, coquillages, hippocampes, étoiles de mer, fucus, — tantôt limitées à l'ornementation pure. Tout récemment les appliques modelées et ciselées par le sculpteur P.-M. Poisson, pour une commode de Louis Sue, d'après des dessins de Paul Véra, et représentant les *Quatre Saisons*, ont pu

FRANZ SCHEIDECKER. **Plaques de propreté. 1906.**

(Musée des Arts Décoratifs).

PL. IX.   Photo Salaün.

donner une idée des ressources que le bronze, traité dans une note d'art original et recherché, réserve à l'ameublement moderne.

Je passe sous silence, comme on peut croire, les reproductions de garnitures Louis XV, Louis XVI ou Empire que les industriels parisiens, successeurs attardés de Caffieri, de Cressent, de Thomire ou d'Odiot, continuent à fondre avec une perfection et un talent qu'on voudrait voir mieux appliqués. A l'exposition de 1900 la maison Linke avait présenté un bureau et une commode Louis XV où la marqueterie disparaissait à la lettre sous un enrichissement désordonné de bronzes modelés par le sculpteur Léon Messager. La maison Soleau avait exposé deux grandes glaces dessinées par Joseph Chéret, la maison Millet une grande psyché avec figures de C. Marioton, où la statuaire en ronde bosse avait peine à s'allier aux ornements de style xviiie siècle. Pouvait-on attendre de ces tours de force sans lendemain une orientation nouvelle du décor bronzier ?

Tant que les cheminées constituèrent dans les salons « de compagnie » le centre des réunions et le foyer des conversations, on fit appel aux meilleurs ébauchoirs pour les modèles de flambeaux, de vases et de pendules destinés à prendre place sur la tablette. L'éclairage électrique a rendu les flambeaux sans objet et le chauffage central, je l'ai indiqué, a déplacé le point d'attraction du « coin du feu » où les grandes bourgeoises du second Empire et des premiers Septennats, à l'imitation de l'Impératrice Eugénie, tenaient leur cour. Dès lors à quoi bon chercher des modèles de pendules dignes d'attention, quand l'objet lui-même est appelé à disparaître?

Une autre raison d'insuccès, dans la composition des modèles de pendulerie moderne, tient à ce que les décorateurs ne les ont pas assez étudiés en fonction de leur usage. Du xvie au xixe siècle, les formes plastiques des instruments ont toujours évolué avec les modifications du cadran et du mécanisme. Au xxe siècle, on s'est contenté de rééditer les beaux ouvrages du passé, sans tenir compte des progrès de la science horlogère. Les charmants dispositifs amenés au xviiie siècle par l'invention des pendules à cadran tournant et à indice fixe marquant les heures, et tout récemment les heureuses combinaisons introduites dans la boîte de montre par le caprice des cadrans en forme — carrés ou oblongs, barlongs ou lozangés — prouvent quel parti les bronziers pourraient tirer des découvertes chronométriques modernes. Mais il faudrait des décorateurs parfaitement au fait du mécanisme horloger et qui sauraient subordonner leurs compositions aux rouages, au lieu de faire des boîtes pour lesquelles ils commandent après coup un mouvement.

Citons cependant, parmi les rares modèles originaux qui apparaissent de loin en loin dans les expositions, une pendule borne en étain par Pierre Roche, prenant pour motif un mascaron d'enfant supportant

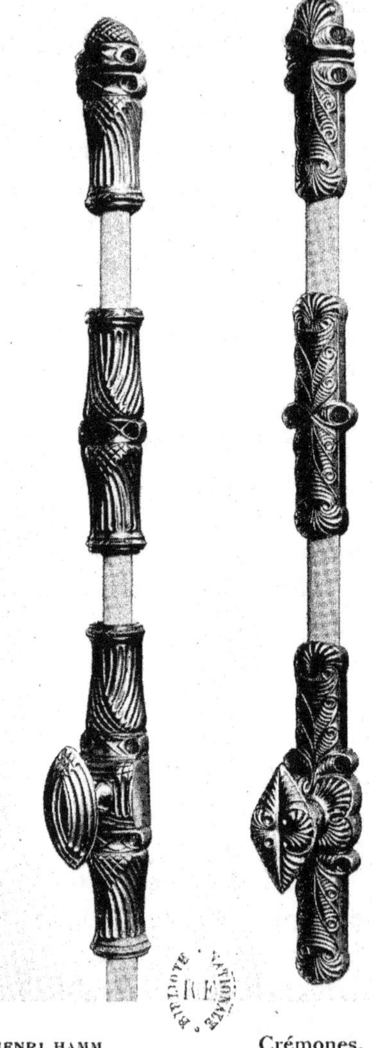

HENRI HAMM.   Crémones.

PL. X.   Photo « Art et Décoration ».

le cadran, une pendule en cuivre repoussé par Alfred Daguet, à décor floral, plusieurs modèles ingénieusement découpés dans le cuivre par Franck Scheideker, des horloges par Fix-Masseau, Ed. Becker, Carabin, Max Blondat, Larche et quelques autres.

Le port de plus en plus fréquent de la montre-bracelet à cadran apparent n'est pas fait pour faciliter un renouveau prochain de la belle pendulerie.

Pour des raisons plus impérieuses encore, la cheminée à décor de bronze, telle que la concevaient les fondeurs-ciseleurs de Versailles, disparaît progressivement. C'est dans les expositions universelles que l'on voit des ensembles décoratifs comme celui que le sculpteur Lelièvre avait modelé pour la maison Buhon en 1900, où *l'Hiver* était représenté par un mascaron de vieillard entouré de feuillages de houx et de chrysanthèmes, tandis que dans la partie supérieure était figuré *le Printemps* sous la forme d'enfants et de fleurs — ou comme celui que Clovis Viard, un élève de Constant Sévin, avait imaginé pour Leblanc-Barbedienne, avec au-dessous du bandeau deux figures allégoriques de Puech, l'*Art* et la *Science*. L'appartement moderne conserve la cheminée plutôt comme un détail traditionnel d'architecture que comme un appareil d'usage. Elle a fait son temps. Au point de vue décoratif, sous son aspect banal, avec ses proportions médiocres, son effet insignifiant, effacé, elle n'ajoute rien à la beauté d'un intérieur. Même dans les appartements dépourvus de chauffage

central, on trouve aujourd'hui des appareils de chauffage à combustion lente et c'est une superfétation
comique que le voisinage de cette cheminée, toujours
sans feu, avec un poêle ou une salamandre qui brûle
nuit et jour à sa place.

Ces appareils pratiques malheureusement sont
laids. Les usines qui les fabriquent se soucient d'autant moins d'en améliorer les modèles que leurs dessins, popularisés par le prospectus et l'affiche, sont
arrivés à constituer de véritables marques industrielles. Il y aurait cependant un effort à tenter et l'on
pourrait reprendre l'idée du concours qu'*Art et Décoration* avait ouvert en 1912 et qui avait réuni d'intéressants projets de Grasset, de Follot, de Dufrène, de
Jallot. Tous les concurrents avaient résolument dissimulé la cheminée ou en avaient modifié, par quelque
artifice, la forme et les proportions. Aucun n'avait
résolu le problème d'un système décoratif à la fois
pratique et élégant.

On s'explique moins encore comment on n'a pas
su trouver, je ne dirai pas une décoration mais même
une forme acceptable pour les radiateurs. Aucun
appareil qui ne soit un parfait exemple de laideur.
Le problème n'est cependant pas, paraît-il, de ceux
qu'il est impossible de résoudre. L'eau chaude doit
passer à travers un système de tuyaux conjugués pour
réchauffer la nappe d'air de l'appartement. Il faut une
clef de réglage pour modérer son entrée dans le radiateur. Et c'est tout. Est-il possible de laisser une plus

grande l atitude à l'esprit d'invention et comprend-
on que nous en soyons réduits à l'informe tuyautage
de fonte qui déshonore l'appartement moderne ? C'est
tout au plus si l'on a cherché à dissimuler l'appareil
dans une cage de bronze ou de cuivre repercé. Mais
ces essais d'emboîtage, — Ed. Schenck en a réalisé
d'ingénieux, — ne sont que des palliatifs et ont le
grave inconvénient de diminuer le pouvoir calo-
rique du radiateur. C'est aux ingénieurs à trouver
une forme qui ne soit ni encombrante ni disgracieuse
et qui multiplie le plus possible les surfaces de
chauffage. Si ces conditions se réalisent, il deviendra
inutile de dissimuler le radiateur. Il pourra de-
venir un ornement, comme ces anciens poêles de
faïence dont nul n'a jamais songé à nier la conve-
nance.

Pour les systèmes de chauffage par l'air chaud ne
comportant pas de tuyautage apparent, l'intervention
du bronzier semble moins nécessaire. Mais le dessin
des plaques repercées destinées à obturer les bouches
de calorifère n'est cependant pas indifférent. Il faut
qu'il réalise le maximum d'évidement pour permettre la plus large adduction possible d'air chaud et
qu'en même temps le reperçage ménage assez de
surfaces pleines dans le métal pour que la plaque
puisse résister à des chocs répétés. Il faut encore —
et c'est la tâche du décorateur — que le dessin soit
lisible et se détache au premier coup d'œil sans com-
plication puérile de traits, d'arabesques ou d'orne-

ments plus propres à la bijouterie qu'au travail du bronze et du cuivre.

Au milieu de cette transformation du chauffage, que deviennent ces chenets, ces pelles, ces pincettes, ces écrans, ces garde-cendres dont les maîtres du xviiie siècle ont laissé de si prestigieux exemples? Au début du xxe siècle, on a tenté d'en renouveler les modèles. Les ferronniers Robert, Brosset, Brandt, et les autres, ont martelé de beaux landiers ; Schenck, Scheideker ont composé de charmantes grilles de foyer en cuivre ou en fer et cuivre ; Eugène Lelièvre a créé des modèles de chenets et de garde-feux d'une note moderne et originale. Mais on n'a pas persévéré dans cette voie. Tout dernièrement une des premières maisons de Paris a liquidé ses modèles. Ce n'est pas une preuve de l'activité de la commande dans cette catégorie de bronzes.

En revanche, la serrurerie d'appartement, paumelles, crémones, espagnolettes, palâtres de serrure, plaques de propreté, est en pleine prospérité. Partout où le bronze fondu, doré et ciselé, et même le cuivre repercé, concurrencent et souvent évincent la quincaillerie de fer, d'excellentes séries modernes ont vu le jour depuis vingt ans. Léon Jallot, avec le même bonheur que pour ses appliques de meubles, a composé des crémones, des plaques de propreté, des poignées de portes, où les éléments, presque toujours empruntés à la mer ou aux plantes des haies ou des bois, sont si fortement stylisés qu'ils confinent à

l'ornementation pure. Eugène Bourgouin, sculpteur
et bronzier, s'est laissé séduire par la pomme de pin
et en a ingénieusement adapté les solides reliefs et le
pittoresque varié à des crémones, des plaques de
propreté, des poignées de portes, des boutons de
sonnettes. Tous ses modèles sont parfaitement compris pour l'usage et capables d'ajouter à la beauté de
la maison moderne. Paul Brindeau a tiré de la gousse
de fève des poignées de meubles et des crémones.
Schenck a exécuté en cuivre patiné de belles plaques
et entrées de serrures. J'en passe parmi les meilleurs.

Cette réussite vient évidemment de ce que ces
bronzes utilitaires font partie de la décoration fixe
de l'appartement, et que les architectes modernistes
en ont arrêté les dessins avec l'ensemble de leur
aménagement intérieur, ou en ont demandé la composition à des artistes-décorateurs éprouvés. La commande compétente et consciente a fait naître l'objet
de goût. Du même coup, pour être prêts à satisfaire
aux besoins des constructeurs, les industriels spécia-
lisés dans la fourniture de serrurerie de fer et de
bronze se sont assuré un assortiment de modèles
modernes interchangeables et exécutés en série sur
le même pied que les modèles copiés ou inspirés des
styles.

En sorte qu'à côté des fers forgés originaux de
Robert, de Brandt, de Szabo, ou des bronzes ciselés
et dorés de Jallot, de Brindeau ou de Schenck, pièces
d'exception réservées aux amateurs qui ne comptent

pas avec le prix, des industriels, comme la maison Fontaine ou la maison Bricard, ont édité un assortiment intéressant de serrurerie de fer et de bronze, dont ils ont demandé les modèles à des décorateurs modernes : Alexandre Charpentier, Théodore Lambert, Dufrène, Follot, Bourgouin, Hamm et d'autres. Il est regrettable seulement que cet effort de modernisme industriel ne soit pas appliqué avec le même bonheur à toutes les catégories, par exemple à la robinetterie, qui pourrait donner lieu à des solutions nouvelles et élégantes, aux boîtes à lettres, aux coffres de machine à écrire, et à bien d'autres pièces d'usage.

Nos bronziers ont vraiment trop sacrifié à l'apparat. Pour quelques beaux vases de Husson, de Lucien Gaillard, de Barboteaux, de Brandt, de Feuillâtre, — que leur préciosité m'oblige à ranger dans l'orfèvrerie — que de futilités dépourvues d'intérêt voyons-nous se glisser dans toutes les expositions! Les plus pardonnables sont encore les garnitures de bureau, écritoires, bougeoirs, couteaux à papier et le reste, qui ont au moins quelque raison d'être, tant que le stylographe et la machine à écrire n'auront pas définitivement détrôné ces vieux moyens de transmission de la pensée. Follot, Brindeau, Brandt, bien d'autres, en ont composé de bons exemples.

IV

L'ÉTAIN

Iʟ faut faire une place dans le travail de la fonte aux objets en étain qui jouirent d'une faveur passagère quelque dix ans avant et après l'exposition de 1900.

Après avoir garni les dressoirs des petits bourgeois ou des paysans aisés, l'étain avait fini par se voir complètement délaissé pour la faïence et la porcelaine décorées. Il semblait définitivement condamné quand, à la fin du xıxᵉ siècle, un ciseleur de grand talent, Jules Brateau, imagina de l'employer à des pièces décoratives, comme avait fait trois siècles auparavant le lorrain François Briot.

Brateau était originaire de Bourges. Il vint à Paris apprendre à ciseler dans l'atelier d'Honoré, pépinière de praticiens remarquables, et franchit vite la distance qui sépare l'ouvrier d'art de l'artiste. Il devint un des collaborateurs préférés des grands orfèvres. Lucien Falize, entre autres, lui confia la ciselure de quelques-unes de ses plus belles pièces. En même temps, il s'attachaït à retrouver les procédés des Briot et des Enderlin. C'est sous ce double aspect d'orfèvre-ciseleur et de potier d'étain qu'il parut à l'exposition de 1889 où la foule qui l'ignorait apprit son nom. Il présentait une chope à bière figurant les *Trois Parques*, une cafetière de style oriental, des assiettes à décor emprunté à Clodion, et surtout une grande aiguière de la *Vérité*, accompagnée de son plateau des *Arts Libéraux* (musée de Luxembourg), visiblement inspirée de Briot, mais dans une note plus moderne. En 1900, il reparut avec des étains plus nombreux et fortement orientés dans le sens du décor végétal — coupe, buire, vases, gobelet — mais gardant toujours de visibles attaches avec le passé. Cinq ans plus tard, à l'exposition du *fer*, du *cuivre* et de l'*étain* au musée Galliera, il associe à ses aiguières, plateaux ou salières originales des flambeaux de « style » et des salières renaissance. Le rapporteur du jury, Pierre Roche, n'en rend pas moins pleine et entière justice à ce bel artiste :

« Brateau, dit-il, novateur par son observation sagace de la nature, traditionnel par sa science pleine de goût des anciens styles, est avant tout le restaurateur de l'industrie de l'étain. Aucune des pièces sorties de son atelier ne sent le travail hâtif, tout est parfait dans les nombreux modèles qu'il tire des matrices gravées avec une scrupuleuse perfection. Nous ne voyons que l'admirable résultat d'un art qui résiste

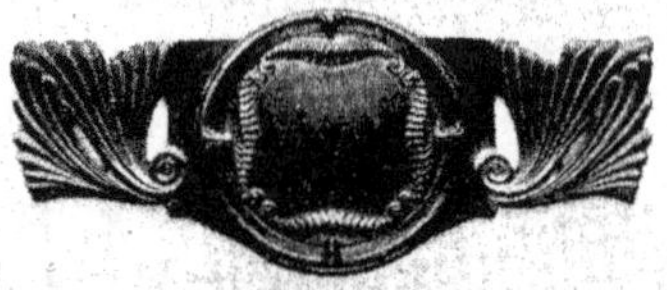

LAURENT MALCLÈS. Boutons de meubles. 1914.

PL. XI.

tout entier à une diffusion presque illimitée. Mais par quel labeur est-il parvenu à imposer cette œuvre ? »

La singularité de la matière et les éloges des critiques d'avant-garde mirent un moment à la mode les fontes d'étain auprès d'une certaine classe d'amateurs. Mais cette renaissance peu justifiée ne s'étendit pas au delà de l'objet de vitrine et de la petite statuaire. Comme objet d'usage, la vaisselle d'étain avait fait son temps. On n'abandonna pas pour elle le cristal ni la porcelaine. Les appareils ou réservoirs en contact permanent avec l'eau telle la bouillote ingénieuse de Pierre Roche figurant un « moine », justifiaient mieux son emploi. Mais à part quelques fontaines-lavabos, on ne songea guère à l'introduire dans les usages domestiques. D'ailleurs la fontaine mobile, celle qui figure dans les tableaux de Chardin, n'a plus sa raison d'être de nos jours que dans les habitations des champs. Les exemples que nous en voyons encore dans les expositions constituent surtout des pièces décoratives. C'est le cas de celle d'Alexandre Charpentier (musée Galliera) où figure sur la face principale l'heure de midi, à gauche le matin, à droite le soir, sur le couvercle les Danaïdes, sur le bassin l'histoire de Narcisse. Pièce de décor également, le vase du même statuaire, où des hommes nus, se tenant par la main et déroulant une sarabande au milieu des pampres et des raisins, figurent la *Danse*, et le pot à tisane, décoré de pavots avec, sur la panse, une femme qui se tord douloureusement.

De tels ouvrages pourraient être aussi bien fondus en bronze, matière moins malléable et susceptible de recevoir des travaux de ciselure et de patine. On ne peut expliquer que par un caprice de la mode cet engouement pour un métal terne, lourd et prompt à revêtir un ton grisâtre désagréable. Ni le surtout de table de Larche avec ses sirènes (musée du Luxembourg) ni le plat de la vague de J. Desbois et la petite naïade de Ledru (musée Galliera) ni les cendriers, les flambeaux, les vases inspirés de la nature végétale de Louis Boucher, ni les panneaux de R. Carabin, ni même les plats largement modelés de Mathieu Gallerey ne retirent aucun avantage de leur fonte en étain. Seules les formes robustes et un peu massives de Jean Baffier, vases, gobelets, pichets à décor floral, surtout de table de Galliera où trois paysannes du Berry supportent un vase en forme de calice, soupière familiale, au même musée, soutenue par six bouchers ou cuisiniers, s'accommodent de cette matière rustique : « Pour Baffier, dit encore Pierre Roche, la plante est l'âme même du décor et il lui subordonne avec passion son vigoureux tempérament de sculpteur. Un fruit, une fleur, prennent pour lui l'importance d'une figure, et comme pour des statues il s'est fait praticien, avec la même sincérité pour l'objet d'art, il veut faire profession d'un métier, il est potier d'étain. Mais ce potier d'étain est d'une espèce rare, cet homme de métier ne peut cesser d'être un maître, et ses vases, ses chandeliers, son service

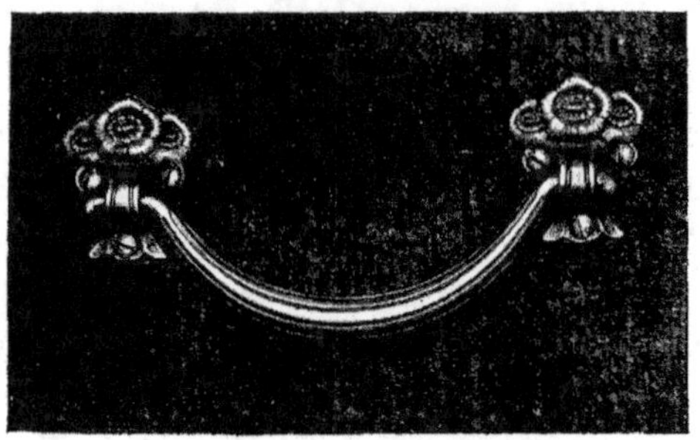

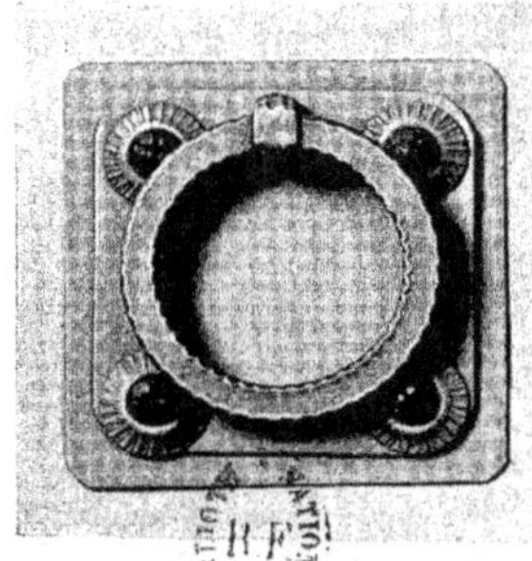

LOUIS GIGOU. Verrou, poignée, anneau,
fer et bronze. 1919-1921.

  Photo Salaün.

de table sont des œuvres irréductibles, profondément originales et dédaigneuses de toute concession. »

En somme le renouveau de l'étain de 1889 à 1909 rentre dans la petite sculpture et coïncide fâcheusement avec la période de style naturiste — algues, Néréides, Walkyries, androgynes échevelées. — Il est peu probable qu'on songe de longtemps à le remettre en honneur.

V

CUIVRE REPOUSSÉ ET REPERCÉ

Ainsi que la fonte de l'étain, le repoussage du cuivre au marteau ne vise pour ainsi dire plus que des pièces de décor, après s'être appliqué dans le passé presque uniquement à des objets d'usage. Les ustensiles qui constituaient autrefois le domaine de la dinanderie ou chaudronnerie de cuivre s'exécutent aujourd'hui par des procédés de repoussage mécanique à l'aide de presses et de matrices. Pas plus que pour le papier peint ou la dentelle mécanique, il ne faut compter — ni même désirer peut-être — que le travail à la main reprenne jamais son omnipotence pour le cuivre. C'est dans les vases d'ornement, dans les plateaux, les coupes, les cendriers, les garnitures de bureau, cent sortes de futilités charmantes, que l'activité du repousseur trouve à s'exercer. Elle y fait merveille.

Il n'est point en effet dans le travail des métaux — acier, étain, cuivre, argent — de pratique plus passionnante que celle du repoussage. C'est une pénétration intime de la matière par l'outil, une transformation non seulement des lignes, du volume, de la forme, mais encore de la substance. Trente fois, quarante fois, le feu et le marteau alternent, afin de rendre au métal écroui toute sa malléabilité. Sous les chocs répétés du martelage, la feuille devient cuvette, puis manchon cylindrique, enfin c'est un vase, un plateau, un coffret qui prendra à volonté tout le décor de ciselure, de damasquinure, de morsure à l'eau forte, de repoussage qu'il plaira à l'artiste de lui donner.

Technique délicate ! Elle débute par l'emboutissage où l'on bat et rebat le métal avec un maillet de buis, sur un champignon en acier ou sur l'enclume bigorne. Sous l'action de la frappe, qui doit commencer par le centre et finir par la périphérie, le métal se resserre par la rétreinte, le disque prend peu à peu la forme voulue. Il est soumis ensuite au marteau d'acier, qui précise sur la bigorne les lignes essentielles et fait disparaître les inégalités. Enfin le travail sur la recingle (tige coudée dont la pointe, actionnée en contre-coup par le marteau, imprime de légers chocs qui font apparaître le décor en relief) achève le repoussage. Il reste encore la ciselure, où les burins, les gouges, les grattoirs, les molettes, les rifloirs et surtout les ciselets donnent au métal l'impression de la vie.

D'une telle lutte avec la matière sortent des

Flacon et vase en métal
repoussé et ciselé.

(Musée des Arts Décoratifs).

Photo Salaün.

PL. XIII.

œuvres aux formes franchement accusées, où le décor, dépourvu de toute ornementation superflue, fait corps avec l'objet, où la main de l'artisan a laissé son empreinte, où l'on suit en quelque sorte le choc de l'outil qui a fait passer le métal par d'aussi incroyables métamorphoses. Mais les beaux artistes repousseurs se comptent. Monod-Herzen, Henri Hamm sont avant tout des orfèvres, Gallerey est ébéniste, Jules Brateau fondeur et ciseleur. Lucien Bonvallet, les frères Capon, Jean Dunand représentent plus spécialement la dinanderie moderne.

C'est à Bonvallet que revient le mérite d'avoir relevé le métier. Ce parfait artiste, qui vient de mourir, avait exercé son talent de décorateur dans tous les genres. A sa sortie de l'école des Arts décoratifs, il avait dessiné pour les tissus, la dentelle, les meubles, la bijouterie, la reliure. Puis il s'était attaché aux arts du métal et avait composé pour un industriel avisé les meilleurs modèles d'orfèvrerie de table qui aient paru dans ces vingt dernières années. En 1902 seulement, il figurait sous son nom à la Société Nationale avec deux vases en cuivre repoussé — les deux premiers de son œuvre — et des plaques de propreté.

Il fallait une certaine hardiesse pour montrer le cuivre à nu sans le farder de patine artificielle, un beau cuivre jaune, comme celui qui étincelle sur les tableaux de l'école flamande, uniquement travaillé au marteau et sans autres parties fondues que — très exceptionnellement — des anses ou des pieds rapportés. Mais le décor était si intimement lié à la forme, le thème si librement traité, l'inspiration si neuve et si élégante que le public fut conquis.

Bonvallet ne dessina plus que des vases.

A quel point il sut en varier les formes et les motifs, tout en ne tombant jamais dans la recherche ni dans la bizarrerie, on ne saurait trop le redire. Peu d'artistes ont eu l'imagination aussi féconde avec un goût aussi sûr. Il a reproduit dans ses cuivres les formes adoptées par les céramistes modernes, ou plutôt il a puisé aux mêmes sources d'inspiration : formes de la nature librement stylisées, modèles de l'Egypte, de la Chaldée ou de la civilisation Mycénienne, types de l'Extrême Orient, Corée, Chine ou Japon. Mais quel que soit le style décoratif auquel il les a apparentés, il a su donner à ses ouvrages un parti pris général d'une architecture et d'un équilibre parfaits. Ses vases sont robustes, simples et nobles de lignes, ornés de motifs bien appropriés aux formes, faisant corps avec elles et en accentuant le dessin. Quant à l'exécution elle est impeccable, soit qu'il emploie le cuivre jaune, le cuivre rose, ou qu'il relève son métal favori d'un soupçon d'argent.

D'un talent presque aussi robuste, les beaux plats de Mathieu Gallerey firent leur apparition quelques années plus tard. Ils prennent généralement pour motifs la nature végétale, feuilles et fruits du chêne, de l'eucalyptus, du noisetier, très librement traités. Leurs qualités sont toutes dans la simplicité de la composi-

HUSSON.

Plat en cuivre incrusté d'argent. 1909.

MATHIEU GALLEREY.

Plat en bronze. 1908.

(Musée des Arts Décoratifs).

PL. XIV.

Photo Salaün.

tion, le gras du modelé et la souplesse de l'exécution. Gallerey est le type de l'artiste-artisan qui met sur la même ligne le dessin et la technique, et, si jose dire, de l'artiste qui dessine avec l'outil. Comme ses meubles, ses cuivres martelés sont d'excellents exemples à proposer. Les frères E. et G.-Louis Capon, dont j'ai loué les beaux ouvrages de forge, s'attaquent avec le même bonheur au travail du repoussage. On leur doit des vases aux formes pleines et larges, puissamment modelées, librement inspirées de la nature avec un très sobre décor végétal. Ils combinent l'argent et le cuivre dans des pièces où les deux métaux se font valoir l'un par l'autre. Une de leurs dernières créations un casque de tranchée pour un général (musée Galliera), admirablement étudié, est une œuvre maîtresse de martelage.

A vrai dire, tous les artisans du métal se sont plus ou moins essayés au repoussage, Alfred Daguet dans des coffrets, Schenck, Mme Berthe Cazin dans des plaques de porte curieusement inspirées du monde marin, Husson dans des plats et des lustres rehaussés d'émaux, Brindeau et Schenck dans des modèles savoureux d'enseignes, Brateau, Brandt, Liberato Zola dans des vases élégants. Tous ces ouvrages sont au nombre des meilleurs travaux d'art appliqué modernes.

Mais le maître actuel, c'est Jean Dunand, type de l'artiste complet, sculpteur, dinandier, orfèvre, qui martèle le cuivre, l'étain, le plomb, l'acier comme il cisèle l'or ou l'argent. A sa sortie de l'école des Arts industriels de Genève, il passe dans l'atelier de Jean Dampt et en 1904 il débute au salon de la Société Nationale à la fois dans la section de sculpture et dans celle d'art décoratif. Dès ses premiers travaux il se révèle en pleine possession de son métier. Ce sont des vases de proportions inusitées, qu'il martèle en cuivre rouge, laissant à Bonvallet le cuivre jaune. Leur décor se rattache à la flore et à la faune, avec des grenouilles, des insectes et autres animaux au naturel. Mais il se dégage promptement de cette recherche un peu puérile pour s'attacher avant tout à l'harmonie, à la simplicité, à l'équilibre de la forme. Il n'use plus du décor en relief que pour accuser discrètement les nervures. Ses vases ont l'élégance contenue de la poterie antique.

Ce n'est pas à dire qu'il se refuse tout ornement. Visant à l'œuvre unique, il combine et varie pour chacun de ses travaux les incrustations d'or ou d'argent, les patines, les laques, les émaux. Il s'attaque à des problèmes imprévus. L'étude des fixatifs, par exemple, le conduit à l'emploi des laques et lui fournit toute une gamme d'effets intéressants et originaux. Avec ses incrustations, qui recouvrent ses vases d'admirables dessins qu'on dirait batikés, il fait parler au cuivre un langage inconnu à ses devanciers et à ses émules. Tout au plus peut-on regretter parfois que cet amour pour la chimie l'entraîne à « camoufler » son métal jusqu'à le rendre méconnaissable.

Pendant la guerre, Jean Dunand mit son talent au service de la Défense nationale. Il appliqua ses recherches sur l'emboutissage à froid de l'acier par le manganèse à la confection de modèles de casques pour les combattants, dont tous les détails avaient été minutieusement étudiés et qui inspirèrent, semble-t-il, fortement le modèle commandé à un autre artiste pour l'armée française.

Ce n'est pas dans l'œuvre si considérable du maître repousseur les pièces qui lui font le moins d'honneur. On voudrait même y rencontrer, aussi bien que dans le bagage de ses rivaux, plus de pièces d'usage. Une simple bouillote de cuivre, faite au marteau, mais ferme d'assiette, avec une base bien proportionnée à la hauteur, une panse d'un beau galbe, une anse bien attachée et d'une courbe heureuse, un bec pur de lignes, cause souvent une impression plus sensible que le vase d'apparat le plus décoratif. Et cette impression n'est pas d'une minute. Elle reparaît tous les jours de notre vie, chaque fois que nous prenons en main ce parfait objet pour nous en servir, comme un ami fidèle et domestique à qui nous savons gré d'être en si belle matière et si bien ouvré pour notre usage.

Le repoussage n'est pas d'ailleurs le seul décor qui convienne au cuivre. On peut l'employer en plaques ajourées, et l'effet n'en est pas moins séduisant. Au point de vue pratique, cette simplification de technique est appréciable. Le cuivre exige un entretien incessant pour garder un aspect engageant. Tout travail trop délicat dans un objet de cette matière risque de disparaître après des nettoyages répétés. Les surfaces unies du cuivre repercé sont la plus simple et la plus durable des ornementations.

Bien entendu il ne s'agit nullement du travail banal et vulgaire à l'emporte pièce, mais du découpage à la scie électrique ou à la petite scie à main. La formule du métier exige un dessin où le motif reste très lisible malgré l'aération de la grille parmi l'enchevêtrement des lignes, où les pleins et les vides sont disposés de manière à permettre une exécution exempte de manques, de ratages et de soudures. Il faut que, sans le secours du martelage, le cuivre devienne maniable et souple, se plie à toutes les fantaisies, que, sans l'aide de la ciselure ou de la gravure, le décor réalise de jolies images ornementales, parfaitement adaptées à l'objet.

Un artiste doué de facultés inventives peut varier à l'infini les thèmes de cette ornementation et en multiplier les emplois, dessous de plats ou de carafes, corbeilles à pain, porte-couteaux, sans parler de la décoration fixe de l'appartement, plaques de propreté pour les portes, entrées de serrure ou appliques de meubles, grilles protectrices, d'appareils de chauffage. A la condition d'un peu d'entretien, quel décor aimable que les arabesques de ces cuivres luisants ! Et puis quel avantage au point de vue de la diffusion de l'art moderne qu'une technique qui permet de reproduire à l'infini un modèle séduisant !

Franck Scheideker (mort récemment) a excellé dans ce travail japonaisant des cuivres repercés comme des gardes de sabre. Fils de dessinateur, n'ayant reçu aucun enseignement d'école, il s'est fait lui-même sa technique et l'a poussée à un tel point de perfection qu'elle peut s'appliquer à l'argent, au vermeil, à l'or même, sans rien perdre, malgré la richesse de la matière, de sa netteté de dessin, de sa lisibilité et de son élégance. Elle peut également combiner le métal avec le bois, le cristal, l'ivoire, la corne. Quant au décor, il associe l'ornementation pure avec l'interprétation de la nature : épis de blé ou d'avoine, touffe de gui fleurie, branche de lierre, poisson nageant dans les ondulations de l'eau.

L'art de Scheidecker, très personnel, s'est appliqué avant tout à la recherche des objets pouvant servir à la décoration intérieure de la maison. Mais ses plaques, ses entrées, ses grilles valent mieux que ses pendules, plus riches en bonnes intentions qu'en véritable beauté. Ses meilleurs ouvrages ont été exécutés pour la villa de Jules Chéret, à Ker Lanner (Côtes-du-Nord).

Plaques de propreté ou plaques de chauffage à part, — dont presque tous les décorateurs ont donné des modèles — les travaux de Scheideker sont restés et resteront sans doute sans pendants. Cependant la curiosité inlassable de Pierre Roche l'a tourné il y a quelque quinze ans, vers cette technique intéressante et il a conçu pour l'église Saint-Jean-de-Montmartre un aigle décoratif que Régius a découpé dans le cuivre.

VI

ORFÈVRERIE

C I V I L E

De technique en technique, nous sommes arrivés
à l'orfèvrerie qui les embrasse toutes : fonte,
repoussage, ciselure, émaillage, et jusqu'au
travail de forge. Aux somptueuses matières qu'elle
met en œuvre elle allie même les métaux communs
que nous venons de passer en revue, fer ou acier,
bronze, étain, cuivre, et la préciosité du travail fait
oublier le peu de valeur des matériaux : « L'orfèvre,
dit très justement Victor Champier, qui dans les
anciens cortèges corporatifs marchait toujours en
tête des autres, aujourd'hui encore représente, parmi
les métiers, celui qui se lie le plus étroitement à
l'art, qui est le plus riche en ressources, le plus indé-
pendant, le plus varié. »

C'est aussi celui — toute l'histoire des arts appliqués en découle — où nous pouvons le mieux obser-
ver les modifications des éléments décoratifs auxquels
nous donnons le nom de « style » lorsqu'ils ont dis-

paru pour faire place à d'autres dispositions. Toutes les nouveautés, toutes les audaces lui sont permises. Il édifie au xv⁸ siècle des édifices en miniature, où le gothique s'épanouit en une forêt invraisemblable de colonnettes, d'arcatures, de gables, de pignons, avec la même fantaisie qu'au xviiie il tordra les tiges, désaxera les cartouches, chantournera les cintres, enroulera les coquilles et les rocailles comme des vagues.

L'orfèvre a-t-il fait preuve d'autant de hardiesse et d'imagination dans la période qui nous intéresse et qui s'ouvre aux environs de 1892 ? A-t-il donné le signal du renoncement au pastiche et à la copie et du retour à l'esprit de recherche et d'originalité ? A-t-il présenté dans ses spécialités, et en particulier dans la vaisselle de table, la plus intéressante parce que la plus usuelle, des exemples de modernisme réfléchi et fécond ? Je crains qu'il ne faille répondre par la négative. Il a manqué à la corporation un talent novateur comme celui de Lalique, capable de découvrir des voies inconnues et d'y entraîner à sa suite un cortège d'admirateurs et d'imitateurs. Le mouvement moderniste s'est borné à des efforts souvent heureux mais isolés et non concertés. Aucune réussite n'a été assez éclatante pour imposer, même passagèrement, une directive ou une technique.

Comme pour le bronze, d'ailleurs, le métier est resté entre les mains des industriels. Les artistes-décorateurs, les sculpteurs-ornemanistes ont rarement pu

GEORGES CAPON.
EUGÈNE CAPON.

Vases en cuivre repoussé et ciselé.
1913 et 1912.

(Musée des Arts Décoratifs).

PL. XV.

Photo Salaün.

faire les sacrifices pécuniaires indispensables à la réalisation de leurs conceptions. Entre les mains des industriels, même les plus hardis, leurs modèles ont subi l'influence déprimante de la tradition et du sacrifice au goût de la clientèle. On eût dit que les rares maisons qui consentaient à faire du moderne étaient étonnées elles-mêmes de leur audace.

Il faut se demander aussi jusqu'à quel point une rénovation plus complète eût été justifiée et quelle chance de durée lui eût été réservée. Autant un usage nouveau, comme l'emploi de l'éclairage électrique, doit entraîner logiquement des formes nouvelles (c'est à tort quand il en est autrement), autant on peut se demander s'il doit en être de même pour des objets dont la destination n'a pas été changée. Il est certain que nous n'avons pas une autre façon de nous asseoir que les Français du xviiie siècle, et que depuis Louis XVI le costume féminin, pas plus que le vêtement masculin, ne nécessitent des dispositions spéciales dans les lignes des sièges. On a trouvé vers 1750 le genre de chaises ou de fauteuils dits « en cabriolet », légèrement renversé et incurvé pour épouser la forme du dos, un demi-siècle plus tard cette autre combinaison de la « gondole », basée sur les mêmes principes. Il paraît difficile, même au xxe siècle, de s'affranchir de ces données, acquises au prix d'une longue expérience, et qui ont fini par réaliser empiriquement le maximum de confortable compatible avec notre façon de nous asseoir. En tout cas, aucun des essais tentés par nos ébénistes modernes pour imaginer des dispositions totalement affranchies de la tradition n'a abouti à un siège commode.

Il en est de même des usages de la table qui n'ont guère changé depuis le xviiie siècle. Si nous en arrivons jamais — ce qui n'est probablement pas à souhaiter pour l'agrément de la vie — à nous alimenter à l'aide de pilules ou de globules ou par tout autre mode rationnel et scientifique, il y aura lieu alors d'envisager une orfèvrerie de table entièrement dégagée du passé. Mais, en attendant, les proportions d'une assiette ou d'un plat couvert, la longueur, l'incurvation, la forme d'une cuiller, la disposition des dents d'une fourchette, l'équilibre d'un pot à eau chaude (cafetière ou théière) qui doit verser le liquide sans accident, constituent un ensemble de règles qu'on ne peut modifier sans mettre au jour des objets impropres à l'usage.

C'est peut-être une des raisons qui ont empêché les industriels, fournisseurs à peu près uniques de modèles de vaisselle plate, de quitter les sentiers battus. Ceux qui l'ont fait ont manqué de foi dans le succès. C'est sans conviction qu'ils ont abandonné passagèrement la copie des anciens chefs-d'œuvre, et leurs créations depuis 1900 se ressentent de cette hésitation. Un très petit nombre a compris qu'il est possible de conserver à l'ustensile ses lignes, ses proportions, sa silhouette et cependant d'en faire

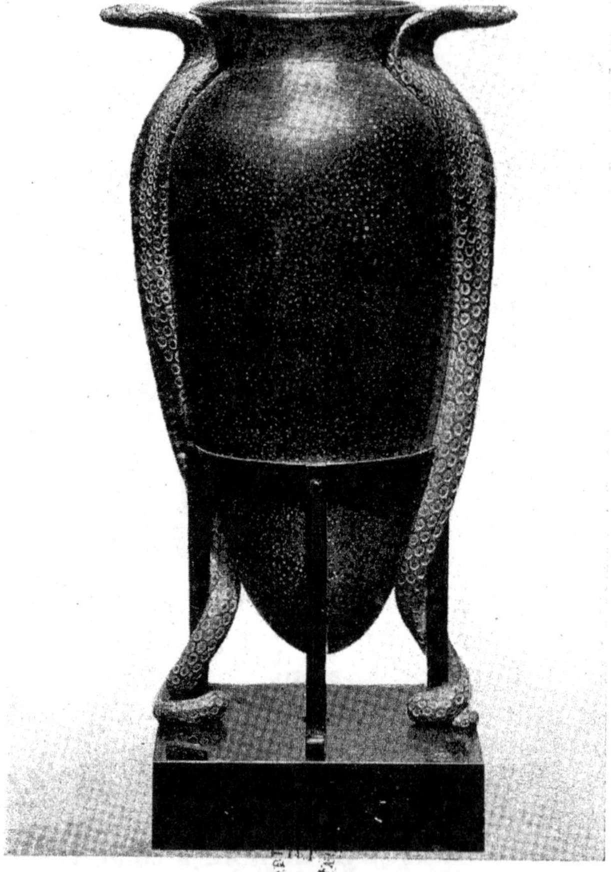

JEAN DUNAND.   Vase en cuivre incrusté d'argent.

PL. XVI.   Photo « Art et Décoration ».

quelque chose de nouveau et de savoureusement original, qu'il n'est pas nécessaire qu'un plat soit carré ou losangé pour être moderne et que lorsque Thomas Germain ajoutait aux modèles de soupières que lui avait légués son père une ornementation touffue de choux-fleurs, de céleris et de carottes, il se gardait bien d'en dénaturer le galbe.

Ce n'est pas, naturellement, cette fantaisie légumière que je voudrais donner en exemple. Je ne crois pas que le décor naturiste, dont les orfèvres du xxᵉ siècle ont affublé les anciennes formes pendant une dizaine d'années, soit très louable ni très original. Sous le second Empire, la sculpture avait envahi le métier. Les figures mythologiques, les amours, les allégories dont on ne saurait déchiffrer le rébus sans les attributs dont l'artiste a soin de les munir, débordaient dans les surtouts, les flambeaux, les corbeilles, les vases, les plateaux, les coupes montées. Le décor par la plante de la troisième République ne valait peut-être pas beaucoup mieux que cette défroque. Il n'était guère plus logique d'affubler d'une surcharge de chardons, d'iris ou de nénuphars le col et la panse d'un vase destiné à contenir des fleurs naturelles.

A vrai dire, cette absence de simplicité, cette profusion dans le décor tient en bonne partie aux modifications techniques survenues dans le métier. Au cours du xixᵉ siècle, les orfèvres ont perdu de plus en plus l'habitude du travail au marteau. Au lieu du vieux procédé de repoussage et de rétreinte, tel que nous l'avons décrit, ils ont abusé du moyen plus expéditif de la fonte d'après le modèle en plâtre, et ils ont été amenés à donner une part de plus en plus grande aux parties fondues dans les objets qu'ils exécutent. Il suffit de comparer à ces productions commerciales un objet obtenu uniquement par la frappe au marteau, un plat, par exemple, de Lucien Bonvallet ou une coupe de E. Monod-Herzen pour voir comment la décision et la simplicité des formes découlent d'elles-mêmes du travail à la main.

Cet emploi abusif de la fonte arriva d'autant plus mal à propos qu'il coïncida avec le progrès de l'outillage mécanique et l'emploi de plus en plus développé de l'estampage et du tour. Il servit à déguiser l'ouvrage. Au lieu de diriger leurs efforts vers la recherche des belles lignes, des silhouettes simples et équilibrées, des formes indiquant clairement l'usage, on dirait que les orfèvres ont eu honte de la machine et qu'ils ont voulu dissimuler son action, sous la profusion des ornements adventices. L'intervention de la machine, même dans les plus précieux travaux du métal, n'est cependant pas une tare. Il suffit de lui donner des modèles appropriés et étudiés en vue de ce qu'elle peut rendre. On a vu des couverts de Bonvallet, de Gallerey, de Scheideker, exécutés au laminoir, mais bien en main et qui plurent à tous les amis du modernisme.

Je disais tout à l'heure qu'il ne fallait peut-être pas

souhaiter une transformation sans raison valable des formes usuelles dans la vaisselle de table. Mais il y a des à-côté où l'on s'étonne de ne pas voir l'imagination des orfèvres s'exercer plus hardiment, car il s'agit d'usages nouveaux. Comment, dans ces mille petits objets qui servent aux lunchs, aux five o'clocks de nos belles madames, dans ces bibelots précieux qu'elles manient, on dirait plutôt par jeu que par besoin, comment n'a-t-on pas créé plus d'inédit et de moderne ? On ne peut alléguer l'exemple du passé. Les robustes appétits du grand siècle ont ignoré ces dînettes de poupées sur des petites tables moins grandes qu'un plat de Rouen à la corne. Je ne vois même pas à invoquer, pour la défense des copies de style, le souci d'un assortiment au mobilier ambiant, car s'il est quelque chose de franchement moderne dans nos intérieurs, c'est bien le petit meuble de dame avec son accompagnement de napperons aux teintes vives, de tapis de haute laine et de coussins multicolores.

Soyons justes, cependant. Dans cette question du pastiche la faute n'incombe pas exclusivement aux industriels. Si le goût de la clientèle riche, qui se fournit en vaisselle plate, n'était pas si obstinément tourné vers l'ancien, les orfèvres sauraient bien lui donner du moderne. Nous en avons eu la preuve aux expositions avec les montures de vases, les chocolatières, les légumiers à décoration de spirale, les plateaux motivés par la feuille de trèfle, la coutellerie et les couverts d'Ernest Cardeilhac (1851-1904), avec les pièces également d'inspiration neuve sorties de l'atelier Debain (un des premiers à avoir tenté le rajeunissement des anciennes formes), des maisons Keller frères, Hareux, Linzeler, Vever, Hénin et de quelques autres. Mais ces efforts d'originalité ne répondent pas au goût général des acheteurs qui veulent des reproductions ou tout au moins des adaptations des anciens styles. Nos grands orfèvres sont obligés d'en tenir compte. Georges Boin, le Grand Prix de l'exposition de 1900, évoque pour son surtout de table la colonnade du bosquet des Muses à Versailles et André Aucoc demande à l'œuvre de Meissonnier le modèle de la « bratina » gigantesque du grand-duc Paul de Russie. En 1905, à l'exposition de Saint-Louis, Risler et Carré présentent un service Louis XV, modelé par Lelièvre, d'après les modèles en terre de Lorraine ou en faïence du Pont-aux-Choux, les frères Henry des réductions des grands seaux à glace de Germain, André Aucoc un service à thé et un guéridon Empire inspirés de Percier et Fontaine.

Tous ces ouvrages cependant sont d'une facture au moins égale à celle des originaux, et c'est une remarque utile à faire pour répondre aux admirateurs exclusifs du passé qui se plaignent de l'infériorité de la main-d'œuvre d'à présent. Le contraire est la vérité, au moins dans les arts précieux — orfèvrerie, bijouterie, joaillerie — où l'exécution moderne paraît prestigieuse en regard du travail ancien. On

ne peut songer à nier le charme de ces irrégularités, de ces repentirs, qui portent en eux la trace de la main-d'œuvre humaine et vivante. Mais il n'en faut pas partir pour rabaisser la valeur de nos maîtres orfèvres d'à présent. Les reproches à leur faire — si reproche il y a — sont, on l'a vu d'une autre nature.

Chose curieuse! C'est dans l'orfèvrerie d'imitation, dans les ateliers Christofle que l'on trouve peut-être au xxᵉ siècle le plus d'originalité industrielle. Le chef de la maison Henri Bouillhet (1830-1910) mérite une place d'honneur dans ces pages consacrées à l'art français depuis vingt ans, non seulement par ses efforts pour orienter sa fabrication vers un modernisme de bon aloi, mais pour son rôle actif et fécond dans la fondation de l'Union centrale des Arts décoratifs et l'organisation des premières expositions spécialisées. Avec des sculpteurs comme Joindy, L. Mallet, A. Arnoux, René Rozet, il mit au jour toute une série de modèles qui parurent aux expositions avec l'étiquette « Art nouveau » et qui la justifiaient. Le décor végétal en faisait généralement l'agrément, mais présenté avec discrétion et fondu pour ainsi dire dans la masse, comme par exemple pour le service à café en argent repoussé à décor d'eucalyptus et d'olivier de l'exposition de 1900. D'un style moins pur, mais d'une inspiration tout aussi moderne, la soupière « la soupe aux choux » et les casseroles couvertes avec des bandes de moutons et de bœufs sur la panse avaient été exécutés pour le ministère de l'Agriculture en vue de récompenses aux concours agricoles. En même temps l'esprit d'initiative du chef de la maison lui faisait appliquer à l'orfèvrerie le tour à réduire, jusqu'alors réservé aux graveurs en médailles et que Lalique utilisera si heureusement pour la joaillerie, sans parler des perfectionnements incessants qu'il apportait à la technique de la galvanoplastie, dont il étendait le domaine presque à l'infini.

En regard d'une production industrielle aussi intense, bien mince est l'apport des décorateurs, incapables pour la plupart de faire l'avance — autrement que sur commande — des frais de matière et de main-d'œuvre. C'est à peine si de temps à autre, en dehors des pièces isolées, on voit paraître aux expositions un service à thé de Becker, aux formes souples et grasses, dont le dessin architectural, sans surcharge d'ornement, fait la réelle beauté, un autre de Lelièvre, où les vides et les pleins de l'ornementation florale mettent admirablement en valeur la matière précieuse, un autre encore de Carlo Bugatti, dont le gracieux décor de libellules présente cependant des arêtes et des saillies qui semblent en interdire l'usage aux mains délicates. Plus récemment Jean Serrière a réalisé d'intéressants modèles d'orfèvrerie de table, d'un parti pris original et savoureux.

On trouve plus de fantaisie et d'imagination dans les pièces isolées et dans les objets d'orfèvrerie

BECKER.   Théière. 1907.   E. MONOD-HERZEN.   Vases en argent. 1907-1913.

(Musée des Arts décoratifs).

PL. XVIII.   Photo Salaün.

sans fonction d'utilité, où les frères Falize, successeurs de leur père, Froment-Maurice, Boucheron,
Vever, Sandoz, Lucien Gaillard, Linzeler, mettent
au jour une charmante variété de modèles, toujours
impeccables d'exécution, revêtus de cette élégance
et de ce goût qui caractérisent les créations des
industries de luxe parisiennes. Mais, sur ce terrain,
la prééminence leur est disputée par les artistes-
décorateurs et ce n'est pas toujours aux gros batail-
lons que va la victoire. Ici toutes les ressources sont
de mise. Dorure, ciselure, repoussage, incrustation,
fonte. On fait appel aux matières les plus diverses :
à l'ivoire, à la corne, au bois même, pour obtenir des
effets inattendus et des oppositions heureuses. On
ne redoute pas la polychromie et la petite orfèvrerie
se fait une séduction de l'émail.

Dois-je l'avouer? Si j'avais à ranger par ordre de
préférence ces savoureux produits du génie décoratif français, je mettrais en première ligne ceux qui
ne font appel qu'à une seule matière et à une seule
technique poussée au point suprême de perfection
où l'habileté de l'artiste peut prétendre. Je rangerais
à la suite les ouvrages qui réunissent des matières
diverses et qui ont recours à des techniques variées,
en allant des plus simples aux plus compliquées.

Les pièces d'argenterie de Bonvallet viendraient
en tête. Je donnerais une place à part aux coupes,
aux bols, aux vases en argent repoussé d'Ed. Monod-
Herzen. Leurs nervures à peine indiquées s'enlèvent

sur le mat de l'argent, le modelé gras, sans rien dela sécheresse qui dépare si souvent les pièces modernes, laisse à la matière toute sa beauté et sa couleur, les silhouettes ont la sobre élégance des modèles antiques de la civilisation mycénienne. Dans le moindre objet, apparaît cet amour et cette connaissance réfléchie de la matière qu'Ed. Monod-Herzen a su également traduire dans des conférences et des exposés suggestifs.

Henri Husson est moins simple. Son métier subtil a besoin d'incrustations d'argent ou d'or, d'alliages de métaux, d'un décor compliqué d'algues, de plantes d'eau, entre lesquelles s'agitent les crabes, les salamandres, les poissons, comme sur les rustiques figulines de Palissy.

Les insectes employés à une très grande échelle inspirent par contre Habert-Dys. Des cigales accolées, reposant paradoxalement sur la pointe des ailes, servent de monture à tel grand vase. Des sauterelles fournissent le motif de jardinières. Toutes ces formes bizarres dégageraient un sentiment un peu pénible sans le talent sincère et original de l'auteur.

Lucien Gaillard emprunte aussi ses éléments aux formes animales. Un de ses vases a les anses formées de deux têtes d'oiseaux, un autre porte un longicorne sur son col fin et allongé, curieusement patiné, un autre est orné de lucanes cerfs-volants émaillés en bleu. Tout cela, stylisé, fait corps avec l'objet.

Hamm, Becker, Pector, Brateau, Paul Brandt, Dunand, Bastard, Miault, Dubret, Serrières, Du Mont,

Mme Cazin, tous les virtuoses du ciselet ou du marteau, se sont distingués dans cette production d'art précieux qui a valu de si savoureuses et de si brillantes vitrines à nos expositions. Mais les émailleurs, entre tous, ont conquis les suffrages des amateurs, et il s'est trouvé que pour quelques-uns cette faveur était justifiée.

La coloration en orfèvrerie par l'émail a toujours joué un rôle important, mais avec des périodes où le procédé passe de mode. Il semble qu'après une vogue d'une vingtaine d'années nous entrons dans une de ces éclipses. Les pâtes de verre et les pierres de couleur suffisent à satisfaire le goût de nos contemporains pour la couleur.

Que de belles choses cependant on peut faire en émail et quelle belle matière à employer ! Son renouveau dans l'orfèvrerie comme dans l'ébénisterie de luxe date de la fin du second Empire. Mais, pour lui donner ses grandes entrées, il fallut la mode du Japonaisisme, aux environs de 1878, et le gros effort tenté par Lucien Falize en 1889. Dans son vase sassanide, l'habile orfèvre fit appel à tous les procédés : émail cloisonné, émail champlevé, émail à taille d'épargne, émail translucide sur relief, émail à jour. Ses fils, héritiers de ses goûts, exposèrent à leur tour en 1900 la coupe des *Vins de France*, gobelet couvert d'une forme simple, avec trois figures de fleuves en ronde-bosse sur la base et une Amphitrite sur le sommet. La pièce était d'or. La panse portait un bas-relief sur fond d'émail bleu, les figures en ronde-bosse étaient revêtues d'émail translucide.

Fernand Thesmar avait aussi commencé de bonne heure à s'attaquer à l'émail. Dès 1872, il essayait chez Barbedienne des émaux cloisonnés à la manière chinoise, les plus beaux qu'on ait vus de longtemps. Dix ans plus tard, il se consacre aux émaux cloisonnés à jour, technique nouvelle, pleine de science, d'adresse et d'ingéniosité, qui le met au premier rang et lui vaut en 1896 l'exécution de l'épée offerte au tzar. Celle qu'il émaille en 1900 met le comble à sa réputation. Depuis lors, à chaque exposition, il fait admirer une perfection technique difficile à surpasser, bien qu'elle n'aille pas sans un soupçon de froideur et de sécheresse.

Paul Grandhomme donne ses préférences à l'émail peint. Ses coupes ont la beauté classique et un peu spéciale de l'époque où il connut ses premiers succès et où on admirait le faire de Claudius Popelin. Garnier, qui lui fut associé pendant quelques années, use des mêmes procédés.

Plus tard venu, Eugène Feuillâtre conquiert les amateurs avec les tons mauves, mordorés, gris perle de ses émaux sur petites boîtes d'argent. Mais il se hausse aussi à l'exécution de beaux vases en cuivre ou en bronze dont de grands papillons émaillés font le décor somptueux, de gobelets avec montures à jours, de grands plats étincelants de couleurs inaltérables.

Lucien Hirtz, un collaborateur de Falize, avec ses gobelets émaillés en plein ou décorés d'émaux cloisonnés, Georges Jean, rompu à toutes les difficultés du métier, la princesse Ténicheff, avec ses émaux d'un art si curieusement imprégné des traditions russo-byzantines, Mme de Bodinat, avec ses cloisonnés qu'elle traite avec un rare sentiment artistique, Suau de la Croix, quelques autres, ont poussé très loin la technique de l'émail. Mais, en somme, un très petit nombre d'artistes ont pleinement réussi dans cet art qui tient à la fois de l'orfèvrerie, de la verrerie et de la chimie, et où il faut, selon l'expression d'un émailliste du XVIIe siècle, « se jeter au feu comme une salamandre ».

L'émail présente trop de difficultés à vaincre et laisse trop de part au hasard. La réussite n'est obtenue qu'au prix d'un travail dix fois recommencé qui majore la valeur marchande souvent hors de mesure avec la valeur artistique. Il semble donc que si de discrets rehauts d'émail constituent un décor précieux pour une pièce d'orfèvrerie, l'emploi d'un revêtement dépassant démesurément les proportions accoutumées tient plus souvent du tour de force que de l'œuvre d'art.

VII

ORFÈVRERIE RELIGIEUSE

Remarque curieuse! Les principes qu'il nous semblait souhaitable de voir appliquer à une rénovation modérée de la vaisselle de table ont trouvé leur confirmation dans les tentatives de rajeunissement de l'orfèvrerie religieuse.

Il ne s'agissait plus, dans l'occurence, de formes fixées par la tradition et l'usage. C'était un impératif bien autrement catégorique. Le dessin de ces ciboires, ces croix, ces calices, ces patènes, ces ostensoirs, ces crosses épicospales ou abbatiales, ces monstrances, ces pixides, après avoir suivi pendant tout le moyen âge l'évolution des styles —, obéi, pourrait-on dire, aux caprices de la mode, — a fini par se trouver codifié par les rites liturgiques. Tout ce qui sert à la célébration des mystères est arrêté de formes. En dehors du mobilier religieux, tel que les vases d'autel ou les appareils d'éclairage, il est interdit à l'artiste d'innover sous peine en quelque sorte d'hérésie. C'est donc seulement dans le rajeunissement du décor, traité dans un sens original et moderne, que l'imagination et la personnalité de l'orfèvre peuvent se donner carrière. Encore lui est-il prescrit, s'il a recours à l'ornementation végétale, de ne pas sortir des fleurs ou des fruits liturgiques, lys, marguerites, roses, ronces, épines, grappes de raisin ou épis de blé. Mais ces difficultés même, semble-t-il, ont stimulé le talent de quelques artistes, qui ont résolument fait table rase du décor moyen-âgeux que Viollet-le-Duc et ses émules avaient reconstitué au siècle précédent, plus en archéologues qu'en artistes.

Cette première restauration n'avait cependant pas été inutile, surtout pour le retour aux sûres techniques du passé et à l'emploi des belles matières. Comme pour le fer forgé, c'est le souci de rendre le mobilier religieux digne des sanctuaires restaurés par le service des Monuments historiques, qui unit les efforts du père Martin, du père Cahier, de Du Sommerard, de Didron et de Viollet-le-Duc. Ils ramènent les orfèvres à l'étude attentive des monuments du moyen âge et à la recherche des traditions manuelles disparues. Poussielgue-Rusand le père, aidé d'un dessinateur de premier ordre, Cahier, le frère de l'archéologue, entreprend la restauration des chefs-d'œuvre anciens, tels que la statue de sainte Foy du trésor de Conques, et s'assimile les procédés des ouvriers du passé. Puis il reprend un à un les modèles des calices, des ostensoirs, des crosses, en

H. HAMM.
Boîte argent. 1910.

H. HAIRON.
Boîte argent. 1910.
(Musée des Arts Décoratifs).

E. MONOD-HERZEN.
Fleur argent.

ramenant formes et décors au caractère du style gothique ou roman. Pendant quarante ans, il réveille dans le clergé, si mal préparé à la garde et à la compréhension des trésors de l'art, le désir d'œuvres de pur style, d'une exécution savante, d'une exacte imitation. Il meurt en 1889 en se demandant, dit Victor Champier, si l'orfèvrerie religieuse, après s'être renouvelée aux sources du moyen âge, devait rester prisonnière des formules périmées, ou si elle ne devait pas suivre à son tour le courant moderne et s'essayer à une interprétation rajeunie des symboles religieux.

Ces idées, c'est son rival Armand Calliat, de Lyon, qui les met à exécution, avec une sincérité qui fait l'admiration des professionnels aux expositions de 1889 et de 1900. Il fait œuvre de novateur tout en restant scrupuleux interprète des dogmes sacrés. A son tour, Poussielgue-Rusand fils obéit au grand courant de rénovation d'art des dernières années du siècle et tente, avec quelques beaux modèles, d'entraîner l'orfèvrerie religieuse dans la voie du modernisme. Eugène Lelièvre lui compose, pour l'exposition de 1900, un calice puissamment original et des crosses bois et argent d'un style élégant et pur. L'architecte Corroyer, le restaurateur et l'historien du Mont-Saint-Michel, lui dessine un calice en vermeil décoré d'émaux et des burettes en cristal montées en vermeil avec émaux, assez composites pour ne se rattacher à proprement parler à aucun style ancien.

Mais ce mouvement reste sans lendemain. L'orfèvrerie appliquée au culte continue à obéir à l'esprit de routine, entretenu par l'indifférence du clergé en matière d'art et surtout par le mauvais goût des donateurs. Les formes les plus banales, les plus médiocres, les plus déjà vues triomphent, et cette laideur est tellement offensante quand elle apparaît dans l'église, qu'Huysmans y voyait quelque chose de diabolique. En 1911, à l'exposition d'Art chrétien moderne organisée au Pavillon de Marsan par la vaillante, Société de Saint-Jean, le seul Poussielgue-Rusand représentait les chasubliers-orfèvres. Aux pièces de 1900 se joignaient seulement des burettes de cristal montées en vermeil, un petit vase et deux veilleuses de Lelièvre, un calice d'argent et un bénitier d'Ed. Becker. La manifestation de 1920, si intéressante par d'autres côtés, n'a pas permis de constater de nouveaux progrès accomplis dans le sens du modernisme par l'orfèvrerie religieuse.

On compte heureusement dans l'intervalle quelques belles pièces isolées, dues à des sculpteurs ou des décorateurs de talent. Bien que l'orfèvrerie sacrée ait attiré Lalique, qui a composé de superbes calices, le meilleur exemple du genre est sans doute celui de Lucien Bonvallet, orné de branches et de pommes de pin qui pleurent leurs gouttes de rosée tout le long du pied. C'est d'un art sain et robuste qui mériterait de susciter des imitateurs. Eugène Bourgouin, également, a modelé deux calices en argent doré

JEAN PUIFORCAT.

Service à thé en argent. 1921.

PL. XX.

Photo « Art et Décoration »

rehaussés de pierres, l'un à la patène orné d'un médaillon du Christ, l'autre à la patène décorée de la figure de la Vierge, tous les deux d'une noblesse de lignes et d'un équilibre de forme remarquables. Il a composé surtout une couronne pour le Sacré-Cœur de la Basilique de Montmartre, en bronze rehaussé d'émaux, d'une construction architecturale impressionnante, à qui le geste des anges qui se voilent la face devant la majesté divine donne une profonde signification religieuse. Quand j'aurai cité un seau à eau bénite de l'architecte Barbier, une croix reliquaire ivoire, argent et bois sculpté de Edmond Becker et un calice du même artiste en argent frotté d'or et ivoire, un reliquaire en néphrite décoré d'ombelles en bronze doré et un calice orné de passiflore et d'épines par Lelièvre, deux portes de tabernacle en cuivre repoussé par Edouard Schenck d'après les dessins de Pierre Roche, une reliure de missel par Henri Vever avec motif central par Vernier et émaux par Tourrette, je crois que je n'aurai oublié aucun ouvrage important d'orfèvrerie sacrée de goût moderne. Tout cet apport est bien maigre auprès de l'envoi du Hollandais Jean Brom, en 1911, qui, malgré une fâcheuse tendance à la surcharge de l'ornement, présenta une si étonnante variété d'objets du culte !

Nous venons d'entrer dans une période qui devrait favoriser une renaissance de l'art religieux. C'est par des cataclysmes comme celui que nous venons de subir que les historiens expliquent dans le passé l'éclosion des chefs-d'œuvre chrétiens. De mortelles angoisses, des deuils déchirants, des espoirs invincibles et, pour finir, la délivrance et la victoire, tout cela devrait suffire à faire naître de profondes émotions esthétiques et religieuses et a déterminer les artistes à les fixer en œuvres définitives et vivantes. Jusqu'à présent, nous n'avons pas encore vu poindre l'aurore de ces temps nouveaux. Pour une pléiade d'orfèvres novateurs, nous comptons des légions d'industriels inféodés aux modèles du moyen âge qu'ils copient dans toutes les techniques et dans toutes les matières.

Si l'on veut arriver à une rénovation complète du mobilier sacré, il faut que le mot d'ordre vienne de l'Eglise elle-même — et pourquoi pas ? — Si les dogmes sont immuables, les objets du culte ne le sont pas. Ces modèles, qui semblent aujourd'hui figés dans les formes que nous ont léguées les âges précédents, ne sont arrivés à ces types que par étapes. La monstrance du XIIIe siècle n'est pas celle du XVe siècle, le calice du XIVe siècle ne ressemble nullement à celui du XVIe siècle, et l'ostensoir-soleil ne date que du XVIIe siècle. L'évolution de l'orfèvrerie religieuse, pour les hautes époques où l'orfèvrerie civile est inexistante ou a disparu, est même le seul témoin qui nous permette de déterminer les styles dans les arts précieux du métal.

Alors pourquoi doit-il en être autrement à notre époque ? Pourquoi arrêter l'horloge du temps à des formes que nous jugeons, à tort, indispensables pour symboliser des époques de foi? « En solidarisant la religion avec les formes anciennes, dit très justement M. Maurice Denis, n'a-t-on pas vu qu'on offrait un argument à ceux qui prétendent que le rôle de l'Eglise dans la Société est désormais fini? » Au moment où tant d'églises dévastées ou détruites sont à réparer, à reconstruire, à décorer, l'art religieux doit s'adapter à des formes et à des pratiques jusqu'ici inusitées. Les besoins sont immenses. Il faudra certainement se prêter aux façons expéditives et économiques du travail industriel. Mais les procédés mécaniques, je ne cesse de le redire, ne sont pas synonymes de laideur. C'est aux artistes chrétiens à donner à l'industrie les beaux modèles dont elle a besoin.

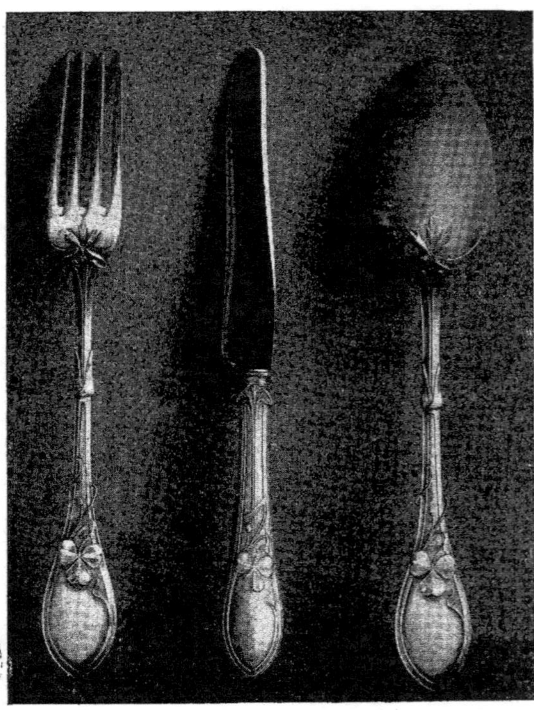

M. GALLEREY.   Couvert. 1919.   H. DUBRET.   Couvert. 1904.

(Musée des Arts Décoratifs).

Photo Salaün.

PL. XXI.

VIII

BIJOUTERIE
ET JOAILLERIE

L'ÉVOLUTION moderne de la bijouterie date de 1895 environ, en avance peut-être de quelques années sur les autres arts du métal. La troisième République avait jusque-là vécu des épaves de l'art décoratif du second Empire. Les bijoux du Septennat de Mac-Mahon reproduisent encore les modèles pompéiens ou étrusques inspirés de la collection Campana. Les parures d'hommes, les broches, les bagues, les bracelets s'ornent de camées et de pierres gravées. Les pendentifs renaissance encadrent des émaux limousins remis à la mode par Claudius Popelin. La seule nouveauté provient de la vague de Japonisme qui déferle aux environs de l'exposition de 1878 et donne entrée dans la parure précieuse à l'émail cloisonné d'or à la façon d'Extrême-Orient.

Quant à la joaillerie, elle est restée fidèle aux traditions des grands joailliers de la Cour impériale, aux parures de dessin savant, aux formes découpées de façon nette et visible. Mais la découverte des mines du Cap a amené la mode des pierres de grandes dimensions. L'art de la monture tend à passer au second plan. L'ambition des joailliers-bijoutiers consiste à imiter en dentelles souples les vieux points génois ou vénitiens, avec motifs en diamants appliqués sur tulle d'or ou à reproduire au naturel des fleurs, des branches d'arbres chargées de feuilles, des fruits même, en les pavant de brillants. Octave Lœulliart excelle dans ces bouquets de joaillerie.

Ce ne sont pas ces « nouveautés » qui pouvaient passer pour de l'art nouveau, non plus que l'apparition du bijou-médaille. On a grand'peine à soutenir jusque vers 1880 le camée et les intailles. Mais devant leur défaveur croissante, les bijoutiers cherchent un produit de substitution. Ils se tournent vers les médailles antiques, dont la chaude couleur d'or fin les séduit. Ils utilisent aussi les monnaies d'or françaises. Puis l'ancien fait place au moderne. Les graveurs en médailles apportent leur collaboration. En 1886 Vernier compose sa broche de *Diane*, suivie en 1889, de *Cléopâtre*, des *Quatre-Saisons*, des *Arts*, tandis que Jules Chéret traduit en métal quelques-unes de ses compositions. Plus tard, Roty se met aussi de la partie avec des sujets religieux et même profanes, tels que la *Vestale, Faune et Nymphe*, et d'autres.

On peut dire, en somme, malgré quelques tentatives isolées — dans les ateliers Vever, entre autres — que l'apparition d'un style nouveau en bijouterie

HENRI BECKER.
LELIÈVRE.

Calices.
(Musée des Arts Décoratifs).

PL. XXII.

Photo Salaün.

ne se fait guère sentir avant 1895. Cette année-là deux événements favorisent l'éclosion du modernisme. S. Bing ouvre, dans son hôtel de la rue Chauchat, une exposition permanente et internationale qu'il appelle « Salon de l'Art nouveau » et la société des Artistes Français adjoint pour la première fois à son exposition annuelle une section d'art décoratif. Lalique y envoie une série d'œuvres entre lesquelles une grande broche renaissance, sur laquelle s'érige, ciselée dans l'or, une figure de femme entièrement nue. L'opinion de Charles Blanc, dont la *Grammaire des arts décoratifs* fait toujours autorité, est ouvertement bravée. La figure humaine fait son entrée dans la parure, non pas comme au xvie siècle étroitement unie aux arabesques, aux rinceaux, aux détails décoratifs, mais en thème isolé ou tout au moins dominant à tel point la composition qu'elle attire seule les yeux. Cette audace de goût va nous valoir quelques beaux objets. Mais elle ouvre la porte à l'invasion des androgynes échevelées, des sphinges, des Valkyries, des Isis voilées, des profils botticelliens, à ce déluge de ronde-bosse lilliputienne, pauvre de forme et vide de sentiment, qui caractérise, avec l'accompagnement obligé d'algues, d'enroulements de vagues, de tiges de céleri ou d'aiguilles de pin, le bijou « art nouveau » à sa naissance. C'est une période d'environ quinze ans dont il reste surtout des pièces de vitrine et des parures destinées un jour ou l'autre à passer par le creuset de l'orfèvre, les pierres mises à part pour de moins déraisonnables montures.

De cette production de gens du monde en mal d'art décoratif et de sculpteurs épaves des salons annuels, se dégagent quelques œuvres bien construites et originales. Mais seules celles de Lalique, peut-être, trouveront grâce devant la postérité et prendront place dans les musées à côté des chefs-d'œuvre des siècles passés. Nous sommes d'autant mieux placés pour en juger que, sans délaisser les métaux précieux, la sensibilité du grand artiste s'est portée de plus en plus vers le cristal et le verre, et que ses premiers ouvrages d'or, de pierreries et d'émaux ont passé cette période redoutable d'un lustre au bout duquel une parure est démodée sans être devenue encore de l'ancien.

Lalique a débuté par des dessins pour le commerce, qu'il est sans intérêt de rappeler, et par une période industrielle de 1886 à 1892 où il se consacre presque entièrement à la joaillerie pure, à l'émail, aux recherches de verre coulé. Il y gagne cette parfaite connaissance des techniques, qui manque aux simples établisseurs de modèles et qui va lui permettre de réaliser les conceptions audacieuses avec lesquelles il rêve de rénover le bijou.

Son art, en effet, est étonnamment protéiforme. Toutes les anciennes techniques de l'orfèvrerie, fonte à cire perdue, ciselure, émaillage translucide ou opaque, il les emploie. Mais il introduit des procédés nouveaux, tel que celui de l'emploi du tour à réduire qui, jusqu'alors, est réservé aux graveurs en médailles. Il exécute ainsi ses modèles en cire ou en plâtre d'une assez grande dimension, en établit commodément le modelé et les détails, qui, à la réduction, deviennent d'une délicatesse extrême et paraissent ciselés par des ouvriers prodigieusement habiles. On établit ensuite un poinçon et une matrice que l'on donne à l'estampeur, à moins que le modèle, mis entre les mains du ciseleur, ne lui serve de critérium.

Novateur, Lalique l'est aussi dans l'emploi des matières. La bijouterie n'a connu jusqu'à lui que l'or, l'argent, l'émail, le cristal de roche, l'ivoire, la nacre, les perles fines, les pierres précieuses et le diamant. En 1896, il expose le premier bracelet en corne et, l'année suivante, deux de ces grands peignes en corne et ivoire qui causèrent un émoi si subit et que l'on peut voir encore à Galliera et au Luxembourg. Dès ce moment, il réhabilite les modestes pierres dures dédaignées : corindons, onyx et sardoines, jades, agates et cornalines, jaspes, coraux, opales, que sais-je encore? Il utilise toujours le cristal de roche, mais après de véritables recherches d'alchimiste il lui substitue le cristal artificiel et le verre moulé et gravé. Vers 1898, il fait son premier grand ouvrage en verre, une broche représentant l'*Hiver* avec des cristallisations sur des arbres neigeux. Sans égard pour la valeur commerciale des pierres, il abolit leur hiérarchie et ne se préoccupe que de leur effet décoratif. La valeur intrinsèque des matières, qui fait jusque-là le prix des bijoux, s'efface devant l'estimation du travail artistique, la somme d'effort imaginatif et d'habileté manuelle qu'il représente.

Cette révolution, Lalique l'étend à la parure complète de la femme, diadèmes, peignes, épingles, boucles, broches, barrettes, bagues, bracelets, colliers, sautoirs, pectoraux, devants de corsage, pendeloques, pendants d'oreilles, pendentifs. Le nombre de ses créations, dispersées dans les deux mondes, est aussi surprenant que leur variété. Jamais on ne vit, dans un art qui doit autant tenir compte des difficultés matérielles d'exécution, introduire une telle fantaisie créatrice. Tantôt il remue la cendre des anciennes civilisations. Sans copie servile ni pastiche, il prend à l'Égypte ses pectoraux et ses scarabées céruléens, à la Chaldée ses cylindres de jade et de cornaline. Tantôt il cisèle des pend-à-cols aussi précieusement travaillés que ceux de la Renaissance, ou modèle des parures aux lignes somptueusement accusées et aux lourds décors de cabochons, comme aux temps mérovingiens. Mais c'est surtout aux formes de la nature qu'il aime à demander ses éléments décoratifs. Le pavot, l'iris, le volubilis, le jasmin, l'ombelle lui prêtent tour-à-tour leurs formes élégantes, leurs courbes, leurs chantournements. Les fruits : — raisin, noisette, pomme de pin, gui — les insectes : — scarabées, libellules, guêpes, papillons,

cigales, — les oiseaux : — hirondelles, paons, coqs,
cygnes, — les poissons, — les reptiles, tout prend
place dans son écrin panthéiste. Mais où tant d'autres
ne verraient à tirer qu'une imitation servile de la
faune ou de la flore, son talent discipliné lui fait
écarter d'un seul jet toutes les formes qui ne pourraient s'adapter à la technique du bijou. En sorte que
tout ce qu'il a fait, tout ce qu'il fait encore, est acceptable pour une femme de bon ton, et si certaines
de ses créations demandent une pointe d'audace
pour être portées, c'est le sel qui en rehausse la
saveur : « Il connaît, dit Gustave Geoffroy, les arrangements d'or pâle et d'or verdâtre. Il sait doser la
couleur, placer les perles, il a le goût mesuré, il dis-
pose, avec une prudente fantaisie, des œillets blancs,
des feuilles et des fleurs de chèvrefeuille, des violettes, de minuscules chauve-souris gris-bleu, à tête
d'or, séparées par de petites étoiles. Il sait donner la
sensation d'une fleur qui se fane, de pétales qui se
détachent et qui vont tomber. »

Le revers de la médaille, c'est que l'art appliqué,
à cette puissance, reste essentiellement individuel. Il
est perdu pour la somme de la production collective
d'une époque. Lalique a exercé une influence écra-
sante, non seulement en France mais dans tous les
pays de grande civilisation. Il a été imité, copié,
démarqué. Cependant les créations géniales, inces-
samment sorties de ses mains, n'ont pas empêché le
style naturiste de passer de mode et, pour tout dire,

le bijou objet d'art d'être éclipsé par le bijou joaillerie. On peut alléguer des exceptions. Il en est lui-même la plus éclatante. Mais qui porte aujourd'hui du bijou art moderne ? Des reines de la rampe, des esthètes ou des muses. Lalique même, sans renoncer à ses thèmes favoris, n'est-il pas arrivé à cet exquis bijou de verre, cette incomparable matière transparente comme une goutte de rosée, qui atteint dans sa simplicité à la distinction suprême ?

Tout cela, Gustave Geoffroy l'a dit dès 1905 et en bien meilleurs termes : « Les bijoux de Lalique ne sont pas toujours des bijoux à porter, ce sont parfois des objets d'art à garder dans un écrin ou derrière la glace d'une vitrine. La raison de cette tendance, chez l'artiste, on croit la trouver dans la destination de ses premiers travaux. Il a inventé et façonné des bijoux pour des princesses de théâtre, il a subi l'effet bizarre et violent, il a cherché et trouvé des formes et des couleurs visibles, des motifs singuliers pour orner la coiffure d'une Théodora...

« Peu à peu il s'est assagi. Plus rarement sont apparues les femmes aux bandeaux, aux yeux clos, aux visages symboliques, Plus rares aussi, les aspects déchiquetés, hérissés, grêles. Moins de recherche bizarre. La force s'est accrue avec la souplesse. »

Il serait vain, comme dans tout ce qui touche à la mode, de chercher les causes de ce défaut d'affinité entre la femme moderne et le bijou d'art, que seul le génie put un moment atténuer. Je laisse de côté la raison de valeur intrinsèque, qui relève de motifs de vanité ou d'intérêt étrangers à toute raison. A priori, la première qualité à rechercher dans une parure c'est qu'elle ne représente rien, ni faune, ni flore, ni figure humaine. Des formes vides. On lui demande seulement des lignes bien arrêtées, des vides et des pleins, des masses balancées, de façon qu'elle se dessine dès le premier coup d'œil et que l'on ne soit pas tenté de la regarder à la loupe, comme dans une vitrine. Tout examen prolongé d'un joyau, à moins que la femme qui le porte n'y convie elle-même, est un larcin fait au culte réservé à sa beauté.

Il y a aussi un principe que nos bijoutiers d'art oublient trop aisément. Un objet précieux, surtout s'il est destiné à entrer en contact prolongé avec la personne humaine, doit donner l'impression de quelque chose de calme, de reposant, de poli, de caressant. Il faut qu'on ait envie d'aller à lui, de le prendre dans la main, d'en éprouver la douceur. Le bijou art moderne se présentait avec des lignes agressives, des formes déchiquetées, des arêtes, des piquants. Faut-il s'étonner que les femmes s'en soient désaffectionnées autant pour ménager la délicatesse de leur épiderme que pour éviter des accrocs à leurs dentelles ou à leurs mousselines de soie?

Le caprice des couturiers et l'évolution des modes y fut aussi pour quelque chose. Que faire de peignes et de diadèmes avec des coiffures à cheveux tirés ou coupés court? Que faire de somptueux devants de corsage quand le décolleté est de mise pour les plus simples sorties de soirée ? Il n'y avait qu'à reléguer dans les vitrines ces magnifiques parures, que décidément la Française de bon ton finissait par trouver trop voyantes. Leur règne dura une dizaine d'années, à peu près le temps de la vogue du style rocaille. Il semble que le tempérament artistique français ait de ces échappées fantaisistes, après lesquelles il revient à la ligne droite, aux courbes régulières, à la symétrie, aux formes géométriques qui lui sont naturelles.

Pendant cette brillante période, l'art nouveau a vraiment fait naître quelques gracieux sujets qui méritent de survivre, même à côté de ceux de Lalique.

Aux environs de 1900, Dampt, Rupert Carabin, Henri Nocq marient l'argent à l'opale ou à la modeste agate. Brateau cisèle des pendentifs à figure féminine, trop chargés d'ornements et un peu touffus de composition, mais traités avec la virtuosité d'outil la plus prestigieuse. Grasset imagine pour la maison Vever des broches, des pendants de cou, rébarbatifs et sans grâce, prouvant simplement qu'un grand artiste n'est pas forcément universel, comme le répètent à l'envie les critiques. Mucha compose, avec un des premiers apôtres du modernisme G. Fouquet, toute une série de bijoux éclatants et tapageurs, des parures de corsages, véritables cuirasses d'or, d'émaux et de pierres, des broches, des chaînes, plus

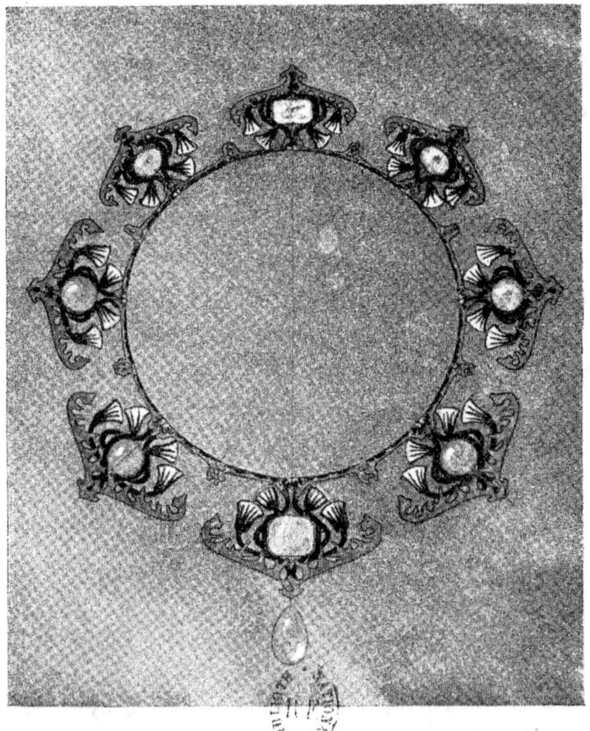

RENÉ LALIQUE.   Dessins de bijoux.

PL. XXIII.

propres à orner le costume de *Gismonda* que la toilette d'une femme du monde.

Plus modérés et mieux inspirés, les artistes de 1905 à 1910 imaginent d'excellents modèles que l'étranger s'empresse d'acheter... et de copier.

Paul Follot envoie aux salons d'art décoratif des bijoux extrêmement variés de formes, sérieux de caractère, d'un art sain, équilibré, raisonné. S'il fait preuve dans son album d'*Orfèvrerie et bijouterie modernes* d'une fantaisie gracieuse et charmante, il semble à l'exécution en redouter les écarts. Tous ses ouvrages sont étudiés et intéressent par leurs lignes.

C'est aussi par la ligne que s'imposent les créations de Charles Rivaud, ingénieuses de composition, pleines à la fois de robustesse et de distinction. Ses bijoux plaisent par leur équilibre, leur construction architecturale, leur simplicité robuste, leur ornementation linéaire, — éloignée de la banale transformation d'une fleur et d'un insecte en métal, en émail ou en pierreries, — on voudrait dire aussi par leur douceur.

Se délassant de ses grands travaux de ferronnerie, Edgar Brandt exécute des bijoux d'or et d'argent forgés qui sont de véritables miniatures de forge. La technique est la même, ainsi que les instruments d'exécution qu'on dirait des joujoux : petits marteaux, petite enclume, chalumeau remplaçant le feu de la forge. Avec ces procédés, les divers éléments de composition se soudent entre eux avec une homogénéité parfaite, en même temps que le travail du marteau donne à l'ouvrage des accents de vie singuliers. Les motifs employés sont simples, feuilles d'eucalyptus, capillaires, monnaie du pape, combinés avec les pierres les plus discrètes, perles ou opales, donnant lieu à de gracieux arrangements.

Les frères Nics, également, exécutent de jolis bijoux en métal forgé, d'un travail minutieux et léger. Brindeau de Jarny, aussi bon ciseleur que ferronnier, sait trouver des arrangements heureux et élégants. Miault, Deraismes, Paul Brandt mettent au jour des modèles bien construits, simples, sans pauvreté ni mesquinerie. L'art de Feuillâtre allie l'émail translucide aux gemmes et aux pierres, avec un peu trop d'ingéniosité, peut-être. Charles Boutet de Monvel, étrange et compliqué, mais toujours intéressant, Hamm, aux pendentifs qui prennent pour motifs de frêles insectes légers comme un souffle, Mangeant, Bocquet et plus nouvellement venus Du Mont, Contreau, Dubret, Bablet, Jean Serrière, constituent une phalange d'artistes créateurs dont les œuvres sont conçues dans la note discrète et de bon ton, qui fit tant défaut au modern style. Mais, il faut bien en convenir, la pièce artistique, la parure en métal précieux ciselé ou émaillé, n'entre que pour une quantité presque négligeable dans le grand courant commercial de la bijouterie. C'est une élite d'amateurs qui commande ou achète ces modèles originaux. Pour une élégante de 1920, ils constituent des curiosités. Ils amusent, on

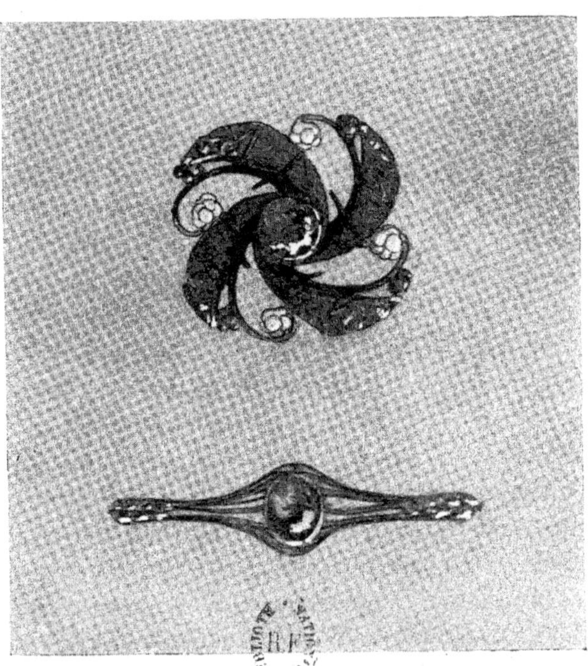

RENÉ LALIQUE.   Dessins de bijoux.

PL. XXIV.

les porte de temps à autre. Mais notre époque demande plus de somptuosité et plus d'éclat.

La joaillerie est parvenue à l'heure présente à un point de prospérité sans exemple. L'inflation de la circulation monétaire, les fortunes nouvelles édifiées dans les fournitures de guerre, l'enrichissement subit des boursiers et des commerçants amène un afflux d'acheteurs tel qu'on n'en a jamais connu.

Le diamant est roi.

Nos grands bijoutiers-joailliers le prodiguent dans des parures où la monture ne joue pour ainsi dire plus de rôle. L'or a disparu des écrins. L'argent, si propre à faire valoir le brillant des pierres tant qu'il n'est pas attaqué par l'oxyde, cède la place au platine inaltérable. Pourtant la parure d'à présent reste un bijou. Dans ces diadèmes, ces colliers, ces rivières, ces broches, ces pendentifs, dont le premier mérite consiste dans la grosseur des pierres, leurs feux, leur prix, il y a la manière de varier les calibres, de modifier les vides et les pleins, de donner du caractère à la pièce, et ce n'est déjà plus celle que l'on appréciait aux environs de 1900. De plus en plus, nos grands bijoutiers se distinguent par la précision dans le dessin, le souci du caractère, la recherche des lignes bien arrêtées, détachant au premier coup d'œil la forme générale.

Il y a surtout une évolution marquée dans le travail de joaillerie. On n'a plus le respect religieux du diamant, qui confinait la taille à quelques formes réputées les plus propres à donner le maximum de feux. On ne craint plus de l'associer à des pierres de couleur pour obtenir des effets de polychromie que les classiques du second Empire auraient trouvé sacrilège d'envisager. On ose même le calibrer quand il s'agit d'apporter de la variété dans le dessin d'un bijou. Quant à l'évolution du décor, on peut y voir, avec *Art et Décoration,* trois phases successives.

La première tendance est celle de Lalique. Les bijoux, exécutés d'après cette conception étaient le plus souvent charmants de couleur. Il y avait comme une affinité secrète, une correspondance entre leurs pierres et leurs émaux, et certains reflets de lumière dans les paysages de Claude Monet ou de Sisley. Il y avait là une recherche de la couleur, un goût pour l'éclat des pierres qui était très original à ce moment, et dont on n'a peut-être pas tiré tout le parti qu'il méritait. D'ailleurs, trop souvent les pierres employées étaient de qualité médiocre. Elles n'entraient dans la composition du joyau que pour une valeur infime. Le bijou était conçu en dehors d'elles et sans elles.

La seconde formule, celle qu'on pourrait appeler le genre Cartier, réagit contre cet emploi des pierres médiocres et rétablit à leur place les pierres les plus belles par leur éclat et leur rareté, diamants, perles, rubis, émeraudes, saphirs. Elle ne conserve même rien des formes originales qu'avaient essayé d'acclimater les artistes de 1900 et revient nettement au goût ancien. Elle cherche à adapter au bijou tous les

éléments décoratifs des styles français depuis la
Renaissance jusqu'à l'Empire, qui peuvent se reproduire en pierres précieuses. L'imitation est libre. Des
chutes de fleurs, par exemple, dans un panneau
sculpté, deviennent des pendentifs ou des broches ;
des balcons aux arabesques Louis XV se transforment
en plaques de cou ou en devants de corsage. C'est
une transposition qui, sans être originale, est souvent
heureuse et rend à la clientèle l'amour des belles
pierres, des lignes plus nettes, des montures plus
souples, plus fines.

Vers 1910, une élite de gens de goût avait donné
l'idée de bijoux très simples, anneaux de pierres
calibrées, gros cabochons en pierres taillées posés sur
un fil de platine, ou au centre d'une barrette de brillants. On rechercha une évidente simplification. On
combina des lignes géométriques et on arriva ainsi
à une sécheresse très distinguée, mais aussi à une
pauvreté de décor très fâcheuse dans la branche des
arts appliqués dont la matière est la plus opulente.
Par réaction, — et la vogue de l'exotisme d'Orient et
d'Extrême-Orient aidant, — un autre courant entraîna
la parure dans la recherche de la couleur. On en
arriva, dans ces pastiches des *Mille et une Nuits*, à
composer des colliers ou des pendentifs en pierres
dont les oppositions de nuances faisaient tout le
mérite.

C'est dans un juste milieu entre ces deux tendances
opposées qu'évolue la bijouterie contemporaine, avec

H. Clouzot. — *Le Travail du Métal.*   7

le bijou noir et blanc — diamant et onyx — parfois rehaussé de saphirs, de rubis ou d'émeraudes, suprême de distinction et qui permet les recherches les plus délicates. Rien de plus artistique que les lignes dessinées par ces touches discrètes de noir au milieu de la blancheur éclatante des pierres.

On va plus loin. A force de ne plus voir que la pierre dans la parure — la pénurie actuelle de main-d'œuvre n'est pas étrangère à la disparition des montures —, on en arrive à appliquer directement le diamant sur le tissu, comme au XVIIIe siècle. Avant la guerre, on dessinait d'exquis motifs de pierreries sur des rubans de cou. Aujourd'hui on supprime les chaînes-sautoir, les bracelets, pour les remplacer par un mince ruban de moire ou un cordonnet de soie. C'est d'une élégance très française.

Un dernier mot. La bijouterie parisienne vient de s'annexer la montre. Depuis dix ou douze ans, les grandes maisons de la rue de la Paix, de la place Vendôme, de la rue Royale, de l'avenue de l'Opéra ou des boulevards lui font place dans leurs vitrines au milieu des bagues, des parures, des colliers, des bracelets, comme le faisaient et le font encore leurs modestes émules de la province.

C'est une petite révolution.

Jadis, dans le royaume du diamant, des pierres fines et de la perle, on n'aimait guère à trafiquer d'articles d'horlogerie qu'il fallait régler, réparer, mettre à l'heure, garantir, et qui somme toute ne constituaient pas des joyaux de grand prix. Même à l'époque du modern style, lorsque les Falize, les Richard, les Becker, les Follot, les Lalique décoraient de motifs empruntés à la flore ou à la faune les boîtiers de ces montres-broches que les élégantes épinglaient à leur corsage comme un bouquet de violettes, on ne vit guère d'horlogerie dans les écrins des grands joailliers.

Mais vers 1905 la maison Cartier entra en scène et s'assura la production exclusive d'un des premiers établisseurs de montres de Paris, Ed. Jaeger, qui créa les modèles les plus riches et les plus variés avec une tendance louable au modernisme. La mode s'en empara soudaine, irrésistible. Les autres bijoutiers suivirent le courant, déjà tracé depuis longtemps par Verger père, et l'ingéniosité parisienne créa la montre de dame telle que nous la voyons maintenant au bras des élégantes.

En voici le signalement.

Plus d'anneau de suspension. La boîte est munie sur les côtés de deux attaches qui la relient à un bracelet extensible plus ou moins riche. Le remontoir, bouton presque imperceptible, fait à peine saillie, en haut du boîtier. Comme le minuscule chronomètre joue le rôle d'une plaque de bracelet, il en épouse les formes. Il s'aplatit et prend la forme cintrée. Il se fait carré, barlong, ovale, quadrilobé. Il se découpe en amande, en losange. Le cadran, qui depuis quatre siècles est resté circulaire, se plie aux figures les plus variées, mais son pourtour irrégulier ne gêne en rien la marche des aiguilles grâce à un ingénieux calibrage des chiffres horaires qui compensent, par leur plus ou moins de hauteur, la déformation du dessin.

La révolution n'est pas moindre dans le décor. Dans la montre fixée à demeure au poignet, cadran en dessus, toute l'ornementation se concentre sur la face de la boîte. Le sertisseur dépose les les pierres autour du cadran et sur les attaches, avec toutes les combinaisons d'entrelacs, de cercles, de semis, de nœuds, de roses, inspirées aussi bien des traditions du XVIIIe siècle que du goût le plus moderne. Mais la pierre de couleur est souvent proscrite. Sur la pâleur mate et inoxydable du platine, c'est une symphonie en blanc de perles et de brillants que vient parfois faire ressortir le noir profond d'un encadrement d'onyx.

Lorsque la montre se porte en pendentif, sous la forme d'une plaquette lilliputienne, les deux faces de la boîte sont décorées. La suspension, distinction suprême, se fait par un simple cordon de soie muni de coulants de joaillerie et de pampilles. Les établisseurs ont rivalisé d'imagination pour créer des modèles nouveaux, des pierres gravées en entailles par Paul Brandt. Des émaux peints par Tourrette, abritent les miniscules chronomètres. Parfois la boîte est en ivoire, avec un motif ciselé et émaillé en couleur, et rien n'est plus nouveau ni plus piquant.

Fait singulier ! L'étrangeté des formes n'a pas rebuté les acheteurs. Nos élégantes n'ont pas reculé devant ce parti décoratif absolument neuf. Elles n'ont pas rejeté ces montres sous prétexte qu'elles n'étaient pas rondes et qu'on n'en faisait pas de pareilles sous Louis XV ni sous Louis XVI. Pouvons-nous prédire une longue vie au cadran en forme ? C'est autre chose. Le bracelet-montre cependant a créé un nouvel usage : une nouvelle forme s'en est suivie. Quoi de plus logique ? La montre rectangulaire et cintrée, en tout cas, n'est pas disgracieuse, et se justifie mieux que la montre bague, la montre scarabée, la montre boule, la montre en forme de cassolette ouvrante. Constatons surtout que, pour une fois, la rénovation des modèles n'est pas du fait des artistes décorateurs, qui n'ont pu s'attaquer à des objets susceptibles d'un si fastueux enrichissement. C'est à des maisons comme Jaeger, Verger, Hatot, et quelques autres que l'on doit cet essor du décor moderne de la montre qui assure à l'industrie parisienne une suprématie artistique égale à celle que la Suisse conserve jalousement dans le domaine du mécanisme.

IX

CONCLUSION

Que faut-il conclure de cette revue rapide des
métaux travaillés ? Pouvons-nous en dégager
des prévisions pour l'avenir de cette branche
si précieuse de nos métiers d'art, ou même des indi-
cations suffisamment précises sur son état à la fin de
la vingtième année du xxe siècle ? Je vais tâcher de
le faire en m'efforçant de ne pas montrer la situation
sous un jour défavorable, mais de ne pas non plus
dissimuler les efforts qu'il reste à faire pour main-
tenir le bon renom de nos industries de luxe à
l'étranger.

Écartons la fonte de l'étain. Malgré sa résurrection
éphémère et peu justifiée, ce métal est retombé dans
l'oubli et ne figure plus que dans les vitrines des
musées et sur les comptoirs des marchands de vin.
Quant au fer, au bronze, au cuivre, à l'argent ou à
l'or, l'originalité des modèles, loin d'être générale, est
plutôt exceptionnelle. Je ne prétends pas que dans

chacune de ces branches, il ne se soit pas produit et il ne se produise pas encore des travaux modernes et vraiment nouveaux. J'ai essayé, au contraire, dans les pages qui précèdent, d'en présenter les auteurs et d'en faire ressortir l'intérêt. Mais que pèse cette production de choix, cette création au compte-goutte, — si j'ose dire, — en face de la fabrication industrielle, à quelques exceptions près universellement inféodée à la copie et au démarquage des modèles du passé ? Sans les revues et les journaux d'art, qui soutiennent la cause des modernistes avec une ardeur qui va parfois jusqu'à la partialité, sans que peut-être les intéressés s'en montrent suffisamment reconnaissants, il y a beau temps que le grand public aurait désappris le chemin des expositions et des salons d'art décoratif !

Certes, il y eut aux environs de 1900 pour les arts du métal, comme pour tous les arts appliqués, une fièvre de renouvellement qui entraîna quelque temps les industriels. Mais ce bel enthousiasme s'éteignit vite. On en retrouve encore la flamme en 1920, mais l'effort à accomplir est grand si l'on veut amener le travail des métaux au même niveau de modernisme et d'originalité que la décoration des tissus, par exemple, ou l'industrie du meuble.

Le fer forgé est en excellente posture. On l'emploie dans les travaux de choix. Son succédané, la fonte, remplit pour lui les besognes communes. Avec quel attachement aux modèles désuets ou pastichés du passé, je n'ai nul besoin de le rappeler ! Le fer jouit du rare avantage de s'être trouvé intimement lié à la construction et d'avoir eu pour parrains toute une phalange d'architectes modernes, Plumet, Sédille, Sorel, Chédannes, Bellery-Desfontaines et bien d'autres. Avec l'éclairage électrique, il s'est imposé victorieusement dans la décoration intérieure. De simples ateliers de ferronniers-décorateurs sont devenus, sans rien perdre de leur mérite d'art, de véritables usines métallurgiques capables d'approvisionner la France entière de belle ferronnerie.

Le bronze et le cuivre, matières par excellence des usages domestiques, ne sont peut-être pas aussi bien partagés. En vingt ans, bien rares sont les artistes créateurs de nouveaux modèles qui aient rencontré l'industriel ou le commanditaire leur permettant de réaliser en série leurs appareils d'éclairage, de chauffage, d'ustensiles de bureau ou même de pièces décoratives simples et à bon marché, tout en gardant l'élégance des lignes et la logique de la construction. Nos artistes s'en consolent sans doute et ne sont au fond pas autrement fâchés de ne pas sortir de la tour d'ivoire où ils continuent à fabriquer, non sans profit, d'admirables modèles. Mais ces pièces uniques et accomplies restent perdues pour la généralité du public, incapable de se plier à des prix faits pour des Mécènes. Seuls les bronzes d'appartement forment une exception. J'ai tenu à la signaler.

On ne peut pourtant pas dire, au moins dans la

catégorie d'objets d'usage en cuivre, que la clientèle réclame du « style ». Le succès avant la guerre de ces dinanderies martelées, de ces lustreries courantes, de ces mille bibelots de bazar, agréables de forme, adaptés à l'usage et bon marché, que nous fournissaient en abondance l'Autriche, la Hongrie et l'Allemagne, est une preuve du contraire. Nous les verrons revenir, ces objets étrangers, si nous n'y prenons garde.

En orfèvrerie, si on n'en arrive pas au surmoulage intégral des pièces anciennes, il ne s'en faut guère. Remercions la Saint-Barthélemy de vaisselle plate, ordonnée par Louis XIV, et les fontes patriotiques de la Révolution qui ont enlevé à l'avance tant de modèles à nos grands argentiers du xxe siècle ! Comme les bronziers, aucun d'eux — à quelques heureuses exceptions près — ne songe à demander de dessins aux décorateurs modernes. Certains l'ont essayé aux environs de 1900. Il faut reconnaître qu'ils n'ont pas été fort encouragés par leur clientèle à persévérer dans cette voie.

Reste la bijouterie où le courant de modernisme a été vraiment original et persistant, grâce au génie créateur de Lalique. Le maître est plus que jamais en possession de sa féconde imagination et de son admirable technique. C'est un magnifique et vivant exemple offert aux artistes du métal. Est-il suivi comme il y a quinze ans ? J'ai montré que la tendance moderne s'écartait de plus en plus de la formule mise en vogue au début du siècle par sa réussite. Bijoutiers et joailliers puisent leurs éléments décoratifs dans les modèles les plus disparates du passé et en tirent parti pour disposer le dessin de leurs parures avec une maîtrise qu'il serait injuste de nier. Sans doute cet art d'assemblage, d'inspiration, de démarquage, reste bien au-dessous d'une création originale. Mais on ne peut lui refuser un réel agrément. En tout cas ce n'est pas à proprement parler de la copie.

Et nous voici amenés à cette conclusion un peu paradoxale que, même en debors de la production précieuse de nos artistes-décorateurs, le travail industriel des métaux, depuis vingt ans, est loin d'être dépourvu d'une certaine originalité. Adaptateurs et pasticheurs ont le tempérament de leur époque. Ils croient faire du Louis XVI et font de la Troisième République. On est toujours et malgré tout de son temps.

Un des plus sérieux inconvénients — et qui n'a pas encore été, je crois, signalé, — de cette fièvre d'inspiration, teintée tour à tour et selon la mode de Louis XIV ou de Louis XV, de Louis XVI ou de Directoire, est d'aller à l'encontre de l'adaptation des modèles aux machines-outils, de plus en plus indispensables, dans le travail des métaux comme dans toutes les industries d'art d'à présent. Les tours mécaniques, les balanciers, les machines à emboutir, à matricer, s'accommodent mal des renflements ou des irrégularités de la rocaille. Il leur faut des modèles plus simples, que nul ne songe à leur donner et qui cependant pourraient être beaux par la seule recherche des lignes et l'équilibre des formes.

On eut un instant l'espoir — et je suis, je l'avoue, de ceux qui ont gardé cette attente — que le formidable élan imprimé par la Défense Nationale aux industries métallurgiques ne serait pas perdu pour le travail d'art des métaux. Malheureusement cette branche si précieuse de nos industries de luxe souffre plus qu'aucune autre des difficultés de main-d'œuvre et de matière, au point que l'épithète de « fabrication d'avant-guerre » est devenue pour tout objet de métal une recommandation que nul ne s'avise de discuter. Mais la France n'est pas seule à subir une telle crise. Elle en sort déjà victorieuse et, à certains indices on peut affirmer que la lutte n'aura pas été inutile. Le bon levain de modernisme, qui a métamorphosé les modèles de papiers peints et de tissus, les formes céramiques, les intérieurs mobiliers, s'infiltre de plus en plus dans le métal ouvré. Les groupements industriels comprennent que leur intérêt est de s'unir aux décorateurs. De leur effort concerté sortiront certainement les beaux modèles que nous attendons pour la prochaine exposition internationale d'art décoratif.

TABLE DES PLANCHES

PLANCHE I :

ÉMILE ROBERT : *Petite grille en fer forgé. 1911.*

PLANCHE II :

SZABO : *Petite grille d'intérieur en fer forgé. 1913.*

PLANCHE III :

EDGAR BRANDT : *Grille fermant un œil-de-bœuf. Fer forgé. 1919.*

ED. SCHENCK : *Enveloppe de radiateur. Fer forgé. 1920.*

PLANCHE IV :

EDGAR BRANDT : *Deux lampes électriques en fer forgé, 1919.*

PLANCHE V :

RAYMOND SUBES : *Petite grille d'intérieur en fer forgé et cuivre. 1920.*

PLANCHE VI :

RICHARD DESVALLIÈRES : *Coq en fer forgé couronnant un monument aux morts. 1920.*

PLANCHE XV :

GEORGES CAPON : *Vase en cuivre repoussé et ciselé. 1913.*

EUGÈNE CAPON : *Vase en cuivre, repoussé, ciselé et incrusté d'argent. 1912.*
(Musée des Arts Décoratifs).

PLANCHE XVI :

JEAN DUNAND : *Vase aux Cobras. Cuivre incrusté d'argent.*

PLANCHE XVII :

JEAN DUNAND : *Vases en cuivre incrusté d'argent.*

PLANCHE XVIII :

HENRI BECKER : *Théière en métal doré éditée par Hébrard. 1907.*

ÉDOUARD MONOD-HERZEN : *Vases en argent martelé et ciselé. 1907 et 1913.*
(Musée des Arts Décoratifs).

PLANCHE XIX :

HENRI HAMM : *Boîte en argent ciselé. 1910.*

CHARLES HAIRON : *Boîte en argent ciselé. 1910.*

ÉDOUARD MONOD-HERZEN : *Fleur en argent repoussé au marteau et ciselé.*
(Musée des Arts Décoratifs).

PLANCHE XX :

JEAN PUIFORCAT : *Service à thé en argent. 1921.*

TABLE DES MATIÈRES

H. CLOUZOT. — *Le Travail du Métal.*   **3**

CHAPITRE IX

Dans le travail des métaux, le modernisme se limite trop à la production de choix. — L'effort des industriels en 1900 ne s'est pas renouvelé. — A quelques exceptions près, les artistes-décorateurs se bornent à des créations individuelles. — De l'union de l'art et de l'industrie sortiront les beaux objets d'usage dont nous attendons la venue.

Ce volume a été imprimé
en avril 1921 par
l'imprimerie Lux, à Paris.

L'ART FRANÇAIS DEPUIS VINGT ANS

Collection de 10 volumes in-8° écu, publiés sous la direction de

M. LÉON DESHAIRS

Conservateur de la Bibliothèque de l'Union centrale
des Arts décoratifs

ETUDIER l'effort de nos architectes pour mettre en œuvre les matériaux nouveaux et satisfaire aux besoins actuels ; distinguer, parmi les manifestations complexes et parfois si déconcertantes de la peinture et de la sculpture contemporaines celles qui, témoignant d'une originalité sincère, semblent vraiment enrichir notre patrimoine artistique ; montrer dans quelle large mesure nos décorateurs, ouvriers du bois et du métal, céramistes et verriers, artisans de la beauté du livre, des tissus, de la scène, ont tenu les promesses de renouvellement que la critique saluait aux environs de 1900 : tel est l'objet de cette collection.

Le public, de plus en plus nombreux, qui veut comprendre les œuvres qu'il voit naître, trouvera, dans ce tableau de l'Art français en ces quelque vingt dernières années, non pas un inventaire, mais un guide.

L'ARCHITECTURE, par Henri-Marcel MAGNE
*professeur au Conservatoire
des Arts-et-Métiers*

LA SCULPTURE, par Paul VITRY
Conservateur au Musée du Louvre

LA PEINTURE, par Tristan KLINGSOR

LES DÉCORATEURS DU LIVRE,
par Charles SAUNIER

LA DÉCORATION THÉATRALE,
par Léon MOUSSINAC

LE MOBILIER, par Émile SEDEYN

LES TISSUS, LA TAPISSERIE, LES TAPIS,
par Gabriel MOURET

LE TRAVAIL DU MÉTAL,
par Henri CLOUZOT
Conservateur du Musée Galliéra

LA CÉRAMIQUE ET LA VERRERIE,
par Paul ALFASSA
*Conservateur-adjoint
au Musée des Arts décoratifs*

LA MODE, par Émile HENRIOT

Chaque volume de 128 pages et 24 hors-texte
Broché . . . . . 8. » Relié. . . . . . 12. »

*LE PAPIER DE RELIURE DE CHACUN
DES VOLUMES A ÉTÉ DESSINÉ PAR
Mlle DE FÉLICE
ET DÉCORÉ A LA MAIN
DANS SON ATELIER*

Édition originale sur vélin pur fil Lafuma
Chaque volume. . . . . 17 »